2024年哈尔滨市社科联学术著作出版资助项目

教育学理论
的多维视角研究

Jiaoyuxue Lilun
De Duowei Shijiao Yanjiu

张春宏◎著

中国政法大学出版社

2024·北京

图书在版编目（CIP）数据

教育学理论的多维视角研究 / 张春宏著. -- 北京：中国政法大学出版社，2024. 7. -- ISBN 978-7-5764-1627-5

Ⅰ. G40

中国国家版本馆 CIP 数据核字第 2024NR1295 号

出 版 者	中国政法大学出版社
地　　址	北京市海淀区西土城路 25 号
邮寄地址	北京 100088 信箱 8034 分箱　邮编 100088
网　　址	http://www.cuplpress.com (网络实名：中国政法大学出版社)
电　　话	010-58908285(总编室) 58908433 （编辑部）58908334(邮购部)
承　　印	固安华明印业有限公司
开　　本	720mm×960 mm　1/16
印　　张	13
字　　数	186 千字
版　　次	2024 年 7 月第 1 版
印　　次	2024 年 7 月第 1 次印刷
定　　价	59.00 元

前　言

　　教育学理论的多维视角研究是一个广阔且深邃的领域，它触及了教育学的众多层面和维度。从古至今，从传统的教育学理论到现代的教育科技应用，从宏观的教育政策制定到微观的课堂教学实践，多维视角的研究不仅为我们提供了丰富的思考和探索空间，更为我们揭示了教育的真谛与精髓。传统的教育学理论为多维视角研究奠定了坚实的基础。无论是夸美纽斯提出的"泛智教育"，还是杜威倡导的"实用主义教育"，这些理论都从不同的角度对教育进行了深入的剖析。它们不仅帮助我们理解教育的本质，还为我们揭示了教育的规律，为后来的教育实践提供了宝贵的指导。

　　随着科技的飞速发展，现代教育科技的应用为多维视角研究注入了新的活力。在线教育、智能教学、虚拟现实等技术的应用，使教育变得更加多元化和个性化。这些技术不仅改变了传统的教学方式，还为学生提供了更加丰富多样的学习体验。教师需要关注学生的学习需求和学习特点，采用多种教学方法和手段，以提高教学效果和学习效果。例如，根据学生的不同特点，教师可以采用启发式教学、情境教学、合作学习等多种教学方法，以激发学生的学习兴趣和潜能。教育学理论的多维视角研究在教育领域具有举足轻重的地位，它不仅帮助我们理解教育的本质和规律，还为我们预测教育的未来提供了重要的参考。在未来的教育发展中，我们应继续深化多维视角的研究，不断探索和创新，为教育事业的发展贡献智慧和力量。

　　本书简要阐述了教育的基础知识，包括教育的基本概念、教育的目的、教育制度、教育与人以及教育实践；而后从历史维度、学科维度、文化维度、实践维度以及评价维度出发分别论述了教育学理论在教学中的相关内容。本书全面系统地介绍了教育学的基础知识、理论框架和实践方法，旨在帮助读者深入了解教育学的内涵和外延，提高教育实践能力和评价能力。通过学习和实践，我们可以更好地发挥教育的功能和作用，为个体的发展和社会的进步做出积极的贡献。

本书在撰写过程中，参考和借鉴了其他学者的相关资料，在此深表谢意。由于时间仓促，水平有限，书中难免会有不足，还望广大读者和专家批评指正！

目 录

第一章

教育学理论的多维视角概述

第一节　教育学理论概念和多维视角内涵

一、教育学理论概念

教育学，这门以探索和研究人类教育活动及其规律为己任的社会科学，宛如一座知识的大厦，立足于教育的丰富实践，展望着理论与实践的交融。它不仅仅关注教育的微观层面，如教学方法、课程设计、学生评价等，还从宏观的角度审视教育与社会、文化、经济、政治等各个领域的互动关系。教育学的研究领域广泛而深入，从基础教育到高等教育，从家庭教育到社会教育，从特殊教育到职业教育，它都致力于揭示教育的一般规律。这些规律不仅仅是教育现象的描述，更是对教育本质的理解和探索。为了实现这一目标，教育学采用科学的研究方法，既有定量研究，如问卷调查、实验设计等，也有定性研究，如深度访谈、案例研究等。这些方法不仅帮助我们收集和分析数据，更重要的是，它们帮助我们建立并验证理论，推动我们对教育的理解不断深化。通过深入的理论分析，教育学不断推动着教育实践和教育政策的进步。这种进步不仅仅体现在教育质量的提高，还体现在教育公平的实现、教育创新的推动以及教育与社会发展的协调等方面。

教育学研究的核心在于深入探索教育现象、教育理论、教育制度和教育实践这四个方面。这四个方面相互交织，互为支撑，共同构建了教育学的博大精深。教育现象是教育学研究的基础，这些现象既包括教育资源的分配、教育质量的提升等宏观问题，也包括个体在学习过程中的心理变化、师生互动等微观现象。通过对这些现象的观察和分析，我们能够更好地理解教育的本质和规律，为教育理论的构建提供坚实的实践基础。

教育理论是对教育现象进行解释和预测的理论体系，这些理论涵盖了教育目标、教育内容、教育方法等多个方面，为我们提供了分析和解决教育问题的框架和工具。例如，认知主义理论强调知识的建构和认知过程的重要性，而行为主义理论则关注环境刺激和反应之间的关系。这些理论在教育实践中具有广泛的应用价值，能够指导我们设计更有效的教育方案和干预措施。

教育制度是规定教育活动规范和程序的规则体系，它旨在保障教育的公平和效率，确保每个学生都能获得高质量的教育资源和服务。教育制度包括教育政策、教育法规等多个方面，这些方面共同构成了教育活动的制度框架。例如，教育公平政策旨在消除教育资源的不平等分配，确保每个学生都有平等接受教育的机会。这些制度的制定和实施对于提高教育质量、促进教育公平具有重要意义。

教育实践是将教育理论应用于实际教育活动中的过程，这个过程强调理论与实践的结合，旨在提高教育质量和效益。教育实践包括教学设计、教学方法、教育评价等多个环节，这些环节都需要教育者根据教育理论和学生的实际情况进行灵活调整。例如，在教育实践中，教育者可以根据学生的认知特点和兴趣爱好设计个性化的教学方案，以提高学生的学习兴趣和动力。同时，教育者还需要通过教育评价来检验教学效果，及时调整教学策略和方法。教育学研究的核心在于全面深入地探索教育现象、教育理论、教育制度和教育实践这四个方面。这四个方面相互关联、相互支撑，共同构成了教育学的丰富内涵。通过对这些方面的深入研究和实践应用，我们能够更好地理解教育的本质和规律，提高教育质量和效益。

教育学，作为一门博大精深的学科，其研究领域广泛，触角深入多个学科领域，包括哲学、社会学、心理学、经济学、管理学、政治学等。这些领域的知识和理论为教育学提供了丰富多元的研究视角和方法，使得我们能够更全面地理解教育现象和问题，为教育实践提供坚实的理论支撑。哲学为教育学提供了关于教育价值、教育目的等方面的深入思考。哲学的思辨性使得我们能够对教育现象进行深入的剖析，挖掘其内在的价值和意义。例如，古希腊哲学家柏拉图在其《理想国》中提出了"哲学家治国"的理念，认为教育的目的是培养具有智慧和正义感的哲学家，以实现社会的和谐与繁荣。这一观点对后世的教育理论和实践产生了深远的影响，为我们提供了关于教育目的的重要启示。社会学则关注教育与社会结构、文化等方面的关系，社会学的视角使我们能够从宏观层面分析教育与社会发展的关系，探究教育在社会变迁中的作用。例如，涂尔干在其《教育与社会学》一书中，详细阐述了教育与社会团结的关系，认为教育具有传递社会价值观、维系社会秩序的重要作用。这一观点为我们理解教育在社会中的地位和功能提供了重要的理论支持。此外，心理学深入研究教育过程中的心理机制，为提高教育质量提供心理学支持。心理学的实证研究方法使得我们能够更加科学地揭示教育过程中的心理现象和规律，为教育实践提供有力的指导。例如，马斯洛的需求层次理论为我们理解学生的学习动机提供了重要的理论框架，指导我们在教育实践中关注学生的需求，激发他们的学习热情。

教育学的发展也推动了多个分支学科的形成。其中，教育理论主要探讨教育的基本理论和实践问题；教育心理学关注教育过程中的心理现象和规律；教育方法学研究教育方法和手段的选择与应用；教育史学则研究教育的发展历程和变迁；教育社会学关注教育与社会的关系；教育管理学则研究教育组织和管理的理论与实践。这些分支学科相互补充，共同推动教育学的深入发展。此外，教育学还关注教育实践的改进和创新。通过实证研究和案例分析，教育学不断总结教育实践经验，提炼出有效的教育方法和策略，为提高教育质量提供科学依据。同时，教育学还关注教育政策的制定和实施，为政府和社会各界提供决策参考。

教育学作为一门揭示教育规律、促进人类发展的社会科学，具有重要的理论和实践价值。通过深入研究教育现象和问题，教育学为教育实践和教育政策提供了有力支持，推动教育事业不断向前发展。在未来，随着社会的不断进步和科技的发展，教育学将继续发挥其重要作用，为人类的教育事业做出更大的贡献。

二、教育学多维视角内涵

（一）宏观视角

在探索教育学的深层次内涵时，宏观视角为我们提供了一个独特而全面的观察窗口。宏观视角下的教育学，致力于研究教育的整体状况、教育与社会的关系以及教育政策等宏观层面的问题，为我们理解教育的全局性和普遍性问题提供了有力的理论支撑。

1. 宏观视角关注教育的全局性

教育是一个宏大而复杂的系统，涉及亿万人的生活与未来。在这个系统中，宏观视角为我们提供了一个独特而重要的观察角度，使我们能够全面而深入地理解教育的全局性。从宏观的角度审视教育，我们不仅能够看到各个教育层面之间的相互影响，还能够洞察不同地区、不同国家之间的教育交流与合作。这种全局性的研究，为我们提供了宝贵的视角，使我们能够更好地把握教育的整体发展趋势，预测未来的教育走向。

从宏观视角看教育，我们能够清晰地看到各个教育阶段之间的衔接与协调。学前教育、中小学教育、高等教育等各个阶段并不是孤立的，而是相互关联、相互影响的。学前教育为孩子们打下坚实的基础，中小学教育则进一步培养他们的知识和技能，而高等教育则致力于培养创新型人才。这种连贯性和协调性确保了教育的连续性和有效性，为孩子们的未来奠定了坚实的基础。宏观视角使我们能够关注到不同地区、不同国家之间的教育交流与合作。在全球化的今天，教育已经超越了国界，成为各国共同关注的话题。各国之间的教育交流与合作不仅促进了教育资源的共享，还推动了教育理念的创新和教学方法的改进。例如，一些国家和地区在教育领域的成功经验，可以为其他国家和地区提供宝贵的借鉴和启示。这种跨国

（地区）的交流与合作，有助于推动全球教育的共同进步和发展。此外，宏观视角还有助于我们洞察教育的整体发展趋势和未来走向。随着科技的飞速发展和社会的不断进步，教育也在经历着深刻的变革。在线教育、人工智能等新兴技术正在改变传统的教育模式，为教育带来了新的机遇和挑战。从宏观的角度审视这些变革，我们能够更好地把握教育的整体发展趋势，预测未来的教育走向。这有助于我们及时调整教育政策和教学策略，以适应时代的需求和发展。

宏观视角为我们提供了一个全面而深入的观察角度，使我们能够更好地理解教育的全局性。通过关注各个教育阶段的衔接与协调、不同地区和国家之间的教育交流与合作以及教育的整体发展趋势和未来走向，我们能够更好地把握教育的整体脉络和发展方向，这对于推动教育的持续进步和发展具有重要意义。

2. 宏观视角注重教育与社会的关系

宏观视角在教育学中占据着举足轻重的地位，它不是将教育视为一个孤立的存在，而是将教育与社会、经济、政治等各个领域紧密相连，共同构成了一个错综复杂的互动关系网络。这种视角下的教育学，旨在深入探讨教育与社会的互动关系，分析教育如何受到社会环境的影响，以及教育如何反作用于社会。

宏观视角强调了教育与社会环境的密切联系，社会环境包括政治、经济、文化等多个方面，这些方面都对教育的发展产生深远影响。例如，国家政策的制定与实施，往往会直接影响到教育政策的走向和教育资源的分配。以教育公平为例，政府在推动教育均衡发展的过程中，通过制定相关政策，优化资源配置，努力消除地区间、城乡间、校际的教育差距，从而促进了教育公平的实现。宏观视角还关注教育如何反作用于社会，教育作为社会发展的重要驱动力，对于社会的进步和变革具有不可替代的作用。例如，教育的普及和提高，有助于提升国民的整体素质，推动科技创新和社会进步。同时，教育还能够培养具有社会责任感和创新精神的人才，为社会的可持续发展提供源源不断的动力。此外，宏观视角下的教育学还注重跨学科的研究。它并不局限于教育学内部的研究，而是积极借鉴社会学、经济学、历史学、政治学等其他学科的理论和方法，共同揭示教育与社会的互动关系。这种跨学科的研究，有助于我们更全面地理解教育的本质和功能，为教育改革的深化提供更为科学的依据。

宏观视角下的教育学为我们提供了一个全新的视角来审视教育与社会的关系。它不仅仅关注教育内部的问题，更是将教育置于社会的大背景下，深入探讨教育与社会的互动关系。这种视角下的教育学，既有助于我们更全面地理解教育的本质和功能，也为教育改革提供了更为科学的依据和方向。因此，我们应该在宏观视角下重新审视教育与社会的关系，推动教育与社会的协调发展，共同构建更加美好的未来。

3. 宏观视角为制定和实施教育政策提供理论依据

在当今社会，教育政策无疑是国家和社会发展的重要基石。它承载着塑造未来一代、推动社会进步和文明传承的重任。然而，教育政策的制定与实施并非一蹴而就，它需要基于深入的理论研究，在科学的理论指导下思考并进行。宏观视角，作为一种全面、系统的观察和分析方法，为教育政策的制定与实施提供了坚实的理论基础和实践指导。

宏观视角下的教育学，是一种从宏观层面出发，全面审视教育整体状况和社会环境的研究方法。它不仅仅关注教育的内部结构和运行机制，更将教育置于社会、经济、文化等宏观背景中，深入剖析其与外部环境之间的相互关系。这种研究方法使我们能够更全面地理解教育的本质和规律，为教育政策的制定提供有力的理论支撑。在教育政策的制定过程中，宏观视角的引入使我们能够准确把握国家和社会的发展需求，确保政策制定的科学性和前瞻性。例如，通过对国内外教育发展趋势的深入研究，我们可以发现当前教育面临的挑战和机遇，为政策制定者提供决策依据。同时，宏观视角还能帮助我们预测未来教育发展的方向，确保政策能够具有长远的影响力。此外，宏观视角下的教育政策制定还能够充分考虑各种利益相关者的需求和关切。这不仅有助于增强政策的合法性和有效性，还能促进社会各界的广泛参与和支持。例如，在制定涉及教育公平、资源配置等方面的政策时，我们需要充分听取政府、学校、家长、学生等各方的意见和建议，确保政策能够最大程度地满足各方利益。

当然，仅仅依靠宏观视角还不足以保证教育政策的成功实施。我们还需要在实践中不断探索和创新，确保政策能够真正落地生根，包括加强政策宣传和培训、完善政策执行和监督机制、建立政策评估和反馈机制等。只有这样，我们才能确保教育政策能够真正发挥其应有的作用，为国家和社会的发展做出积极贡献。宏观视角为教育政策的制定与实施提供了有力的理论支撑和实践指导。在未来的教育政策制定过程中，我们应该更加注重宏观视角的运用，充分发挥其在理论与实践之间的桥梁作用。同时，我们还需要在实践中不断探索和创新，确保教育政策能够更好地满足社会的需求，促进教育的健康发展。

宏观视角下的教育学，不仅关注教育的全局性和普遍性问题，还深入探索教育与社会的互动关系，为制定和实施教育政策提供理论依据。这种全面而深入的研究，有助于我们更好地理解教育的本质和价值，推动教育的持续发展和进步。

（二）中观视角

在广阔的教育学领域中，中观视角为我们提供了一个独特而深入的观察窗口。这一视角着重研究教育机构、课程设置、教学方法等关键要素，关注教育的组织结构和实施过程，致力于提高教育机构的管理水平和教学质量，优化课程设置和教学方法。

1. 中观视角关注教育机构的管理水平

教育机构作为教育活动的载体，其管理水平直接影响着教育质量和效果。中观视角下的教育学研究如何通过科学的管理理念和手段，提高教育机构的运营效率，确保教育资源的合理分配和利用。这包括制定合理的管理制度、建立有效的激励机制、强化团队协作和沟通等方面。通过不断提升管理水平，教育机构能够更好地适应社会环境的变化，满足学生和教育者的需求，为教育质量的提升奠定坚实基础。

2. 中观视角关注教学质量的提升

教学质量是教育活动的核心，直接关系到学生的学习成果和未来发展。中观视角下的教育学研究如何通过优化课程设置和教学方法，提高教学质量。在课程设置方面，教育学关注如何根据学生的需求和社会的变化，调整和优化课程内容和结构，确保课程的实用性和前瞻性。在教学方法方面，教育学探索如何运用现代科技手段和创新教学理念，激发学生的学习兴趣和潜能，提升学生的学习效果。

3. 中观视角还关注教育实施过程中的细节问题

教育活动的实施过程涉及众多环节和要素，如师生互动、课堂氛围、学习资源等。中观视角下的教育学致力于深入挖掘这些细节问题，探索其背后的原因和解决方案。例如，通过优化师生互动方式，增强学生的学习动力和自信心；通过营造积极向上的课堂氛围，激发学生的学习热情和创造力；通过提供丰富多样的学习资源，满足学生的个性化需求。这些细节问题的解决，有助于提升教育活动的整体效果，促进学生的全面发展。

中观视角下的教育学在优化教育机构、提升教学质量等方面发挥着重要作用。通过深入研究教育机构的管理水平、课程设置和教学方法等关键要素，教育学为教育实践的改进和发展提供了有力支持。在未来的教育领域中，中观视角将继续发挥其独特优势，推动教育事业的持续进步和创新发展。

（三）微观视角

教育学作为一门研究教育现象、揭示教育规律的学科，其研究视角多样而深入。在众多研究视角中，微观视角显得尤为关键。微观视角主要从学生的个体层面出发，深入探讨学生的学习过程、认知发展以及情感体验等微观层面的问题，为我们理解学生的学习机制和发展规律提供了重要视角。

在微观视角下，学生的学习过程被视为一个复杂而精致的系统。这个过程不仅涉及知识的获取和技能的掌握，还涉及学生的思维方式、学习动力、学习策略等多个方面。教育学通过对学生学习过程的深入研究，揭示了学生在学习过程中的认知特点、学习风格以及学习困难等问题，为个性化教学和终身学习提供了有力支持。

认知发展是微观视角下教育学关注的另一个重要方面。学生的认知发展是一个动态的过程，它随着学生的年龄增长、知识储备和经验积累而不断发展变化。在这个过程中，学生需要掌握一系列基本的认知技能，如注意力、记忆、思维等。教育学通过对学生认知发展的研究，揭示了学生在不同阶段的认知特点和需求，为教育者提供了有针对性的教学建议。此外，微观视角下的教育学还关注学生的情感体验。学生在学习过程中的情感体验对于其学习效果和心理健康具有重要影响。教育学通过对学生情感体验的研究，揭示了学生在学习过程中的情绪状态、压力来源以及应对策略等问题，为教育者提供了有效的情感支持和心理辅导。

为了更加深入地理解微观视角下的教育学，我们可以参考一些实证研究。例如，一项关于学生学习动力的研究表明，学生的学习动力与其学习成绩和学习兴趣密切相关。当学生的学习动力得到激发时，他们的学习成绩和学习兴趣都会得到显著提高。这一研究为我们揭示了学生学习动力的重要性，也为教育者提供了激发学生学习动力的有效方法。

微观视角下的教育学为我们深入探索学生的学习机制和发展规律提供了重要视角。通过对学生的学习过程、认知发展和情感体验的深入研究，我们可以更好地理解学生的个体差异和学习需求，为个性化教学和终身学习提供有力支持。在未来的教育实践中，我们应更加关注微观视角下的教育学研究，不断揭示教育规律，提升教育质量，为学生的全面发展奠定坚实基础。

（四）跨文化视角

随着全球化的加速推进，各国之间的文化交流日益频繁，教育作为人类文化的重要组成部分，也开始逐渐展现出其跨文化的特性。从跨文化的视角来看，教育学不仅仅是关于某一特定文化背景下教育活动和现象的研究，而是关注教育的多样性和共性，试图在全球范围内推动教育的交流与合作，以实现全球教育的共同发展。

不同的文化背景下，教育的方式、内容、目标等都会有所不同。例如，在中国，教育强调"德、智、体、美、劳"全面发展，注重集体意识和纪律性；而在西方国家，教育则更加注重个人主义和创新能力的培养。这种多样性反映了不同文化对教育的独特理解和期待。通过跨文化的研究，我们可以更全面地了解各种教育模式的优点和局限性，为改进和完善教育体系提供有益的参考。尽管各种文化背景下的教育存在很大的差异，但它们也有一些共同的目标，如培养有知识、有素质、有能力的人才，促进社会的进步和发展。这些共性为我们提供了在全球范围内开展教育交流与合作的基础。通过分享各自的教育经验和资源，各国和地区可以相互借鉴、取长补短，共同推动全球教育的发展。此外，跨文化视角对于推动国际教育的交流与合作具有重要意义。在全球化的背景下，培养具有国际视野和跨文化沟通能力的人才已成为各国教育的重要目标。通过跨文化的研究和交流，我们可以增进对不同文化的理解和尊重，培养具有全球意识的人才，为"构建人类命运共同体"贡献力量。

从跨文化的视角来看，教育学不仅关注不同文化背景下的教育活动和现象，更致力于探索教育的多样性和共性，推动国际教育的交流与合作，以实现全球教育的共同发展。这是一个充满挑战与机遇的领域，需要我们不断地学习和探索，共同为人类的未来贡献力量。

教育学理论概念和多维视角内涵丰富多样，涵盖了教育的各个方面和层次。通过对教育现象、教育问题的深入研究，教育学为教育实践和教育政策提供了重要的理论支持和实践指导。

第二节　教育学理论的多维视角的来源和形成

教育学理论的多维视角的来源和形成，是一个复杂而多元的过程。它源于人类对教育的深入探索和对教育实践的反思。在不同的历史时期、不同的文化背景，以及不同的教育理念下，教育学理论的多维视角得以逐渐形成和发展。

一、教育实践的需求

教育实践是推动教育学理论不断创新与发展的重要驱动力。历史的长河中，每一个时代都有其特定的教育背景和问题，而这些问题正是教育学理论的多维视角的源泉。在不同的历史时期和社会背景下，教育实践所面临的问题和挑战也呈现出多样性，从而要求教育学理论从多个角度和维度去审视和解决。

在古代，教育实践主要关注的是如何有效地传授知识和技能，以满足当时社会的需求。因此，教育学理论更多地关注教学方法和技巧的研究。然而，随着社会的不断发展，教育实践逐渐面临更为复杂的问题，如教育公平、教育质量、学生心理健康等。这些问题要求教育学理论不仅要关注教学方法，还要从更广阔的视角去审视教育的本质和目的。

进入现代，教育实践面临的问题和挑战愈发复杂。在信息技术高速发展的背景下，传统的教学模式正面临着巨大的冲击。学生不再满足于单一的知识传授，而是更加关注个性化、多样化的学习方式。同时，社会对教育的期望也在不断提高，要求教育不仅要传授知识，还要培养学生的创新能力、批判性思维等综合素质。为了满足这些需求，教育学理论必须不断地进行创新和变革。它需要从多个角度和维度去审视和解决教育实践中的问题，如教育心理学、教育社会学、教育技术学等。这些不同的学科领域为教育学理论提供了丰富的视角和方法，使得我们能够更加全面、深入地理解教育的本质和规律。

教育实践的需求是教育学理论的多维视角的重要来源。它推动了教育学理论的不断创新和变革，使得我们能够更加全面、深入地理解教育的本质和规律。同时，教育实践的需求也促进了教育学理论与其他学科的交叉融合，为教育实践提供了更加丰富的理论支持和方法指导。在未来，随着社会的不断发展和教育实践的持续深入，教育学理论的多维视角将更加广阔和深入，为教育事业的发展提供强大的理论支撑和实践指导。

二、不同学科之间的交叉融合

在当今知识爆炸的时代，学科的交叉融合已成为推动科学进步的重要动力。教育学，作为一门研究教育现象、揭示教育规律的综合性学科，同样在交叉融合的潮流中取得了显著的进步。特别是在与心理学、社会学、哲学等其他学科的相互交融中，教育学理论得以从多维视角展开，为我们提供了更为丰富和深入的认识。

教育学与心理学的交叉融合，为教育理论提供了坚实的心理学基础。心理学是研究心理过程和行为的科学，它对于理解学生的学习动机、认知过程、情感发展、品德发展等方面具有至关重要的作用。教育学在吸收心理学的研究成果和方法后，能够更好地解释教育现象，指导教育实践。例如，认知心理学关于记忆和思维的研究成果，为教育学的课程设计、教学方法等提供了科学依据。

教育学与社会学的交叉融合，为教育理论注入了社会文化的视角。社会学是研究社会结构、社会关系和社会变迁的学科，它对于理解教育与社会环境、文化传统的互动关系具有重要意义。教育学在引入社会学的观点和方法后，能够从更广阔的社会背景中审视教育问题，揭示教育与社会发展的内在联系。例如，教育社会学关于教育公平、教育分层的研究，为教育政策的制定提供了重要参考。

教育学与哲学的交叉融合，为教育理论提供了深刻的哲学思考。哲学是关于世界和人类存在的根本问题的思考，它对于引导教育的发展方向、构建教育价值观具有重要意义。教育学在哲学的引领下，能够深入探讨教育的本质、目的和价值，为教育实践提供科学的理论支撑。例如，教育哲学关于教育目的、教育内容、教育方法等问题的探讨，为教育改革提供了思想基础。

不同学科之间的交叉融合为教育学理论的多维视角的形成提供了重要的支持。这种交叉融合不仅丰富了教育学的研究内容和方法，还推动了教育学的创新和发展。在未来的教育研究中，我们应继续加强与其他学科的交流和合作，不断拓展教育学的研究领域和视野，为教育实践提供更为全面和深入的理论指导。同时，我们也应关注交叉融合可能带来的挑战和问题，如学科界限的模糊、研究方法的整合等，以确保教育学在交叉融合中保持其独立性和科学性。

三、教育学家们的探索和思考

教育学作为一门综合性、跨学科的学科，其理论的丰富与深化离不开广大教育学家的辛勤探索与深入思考。正是这些教育学家们对教育实践的敏锐观察、深入分析以及对教育理念的持续探索，才使教育学理论得以形成多维视角，为教育实践提供了宝贵的指导。

教育实践是教育学家们观察与分析的起点，教育学家们深入学校、课堂，亲身参与教育活动，通过实地观察、访谈、问卷调查等方式，收集大量的第一手资料。他们关注教育实践中存在的问题，分析问题的成因，探索解决问题的策略。这种基于实践的研究方法，使得教育学理论更加贴近实际，更具指导意义。

教育学家们对教育理念的深入探索，为教育学理论的多维视角提供了丰富的思想资源。他们关注教育的本质、目的、价值等根本问题，对不同的教育理念进行梳理、比较与反思。例如，有的教育学家强调教育的社会功能，认为教育应该为社会培养合格的人才；有的则关注教育的个体发展功能，认为教育应该促进个体的全面发展。这些不同的教育理念，为教育学理论的多维视角提供了广阔的视野。

教育学家的探索与思考是教育学理论的多维视角形成的重要因素。他们通过对教育实践的深入观察与分析，以及对教育理念的持续探索，为教育学理论的发展提供了源源不断的动力。同时，他们关注教育与其他领域的交叉融合，为教育学理论的多维视角提供了更加丰富的思想资源。这些多维度的研究视角，不仅有助于我们更全面地认识教育的本质与规律，还为教育实践提供了更加科学、有效的指导。

在未来，随着教育学家们不断探索与思考，教育学理论的多维视角将更加丰富和完善。我们期待更多的教育学家能够投身于这一伟大事业，为教育学理论的发展和实践的改进贡献自己的智慧和力量。教育学理论的多维视角的来源和形成是一个复杂而多元的过程。它源于教育实践的需求，受到不同学科之间交叉融合的影响，同时也离不开教育学家们的探索和思考。在未来，随着教育实践的不断发展和教育理念的不断更新，教育学理论的多维视角也将不断得到发展。

第三节　教育学理论的多维视角的意义

一、全面理解教育现象

在探讨教育现象时，我们必须认识到其复杂性和多元性。为了更深入地认识教育的本质、目的和功能，我们需要整合不同学科领域的视角，包括历史、哲学、心理学、社会学、文化社会学、新媒体和计算机科学等。通过整合这些多元视角，教育学理论能够为我们提供全面而宏观的解释框架。

（一）历史视角为我们提供了教育现象的时间轴

教育作为人类文明的产物，其发展过程与社会历史背景紧密相连。从历史角度看，教育现象在不同时期和地域呈现出不同的特点和形态。例如，古代教育注重经典传承和道德培养，而现代教育则更加注重创新、批判性思维和跨学科学习。通过了解教育历史，我们可以更好地理解教育现象的发展脉络和演变过程。

（二）哲学视角为我们提供了对教育现象的价值思考

教育作为一种社会实践活动，其背后蕴含着深刻的哲学思想。不同的哲学流派对于教育的目的、方法和价值有着不同的看法。例如，柏拉图认为教育的目的是培养哲学家和统治者，而杜威则强调教育应该促进个人和社会的民主与进步。通过哲学思考，我们可以更加清晰地认识到教育现象背后的深层次价值和意义。

（三）心理学视角为我们提供了对教育现象的个体解读

教育是人类个体发展的重要组成部分，心理学的研究有助于我们理解学生在教育过程中的心理过程和认知特点。例如，皮亚杰的认知发展理论为我们揭示了儿童智力发展的阶段特点，而马斯洛的需求层次理论则为我们揭示了学生学习动机的心理需求。心理学研究有助于我们更加有针对性地设计和实施教育活动，促进学生个体的全面发展。

（四）社会学视角为我们提供了对教育现象的社会解读

教育作为一种社会现象，其与社会结构、文化传统和经济发展等因素密切相关。社会学研究有助于我们认识到教育在社会发展中的重要作用，以及教育如何受到社会因素的影响。例如，布迪厄的文化资本理论揭示了不同社会阶层在教育资源分配中的不平等现象，而涂尔干的社会团结理论则强调了教育在维护社会秩序和稳定中的重要作用。

（五）文化社会学视角为我们提供了对教育现象的文化解读

教育作为一种文化传承和创新的过程，其与文化背景、价值观念和行为规范等密切相关。文化社会学研究有助于我们认识到教育在不同文化背景下的特点和差异，以及教育如何促进文化的传承和发展。例如，霍夫斯泰德的文化维度理论为我们揭示了不同文化背景下的教育价值观和教学方法的差异，而列维-斯特劳斯的结构主义理论则为我们提供了一种理解和分析教育现象的新视角。

随着科技的不断发展，新媒体和计算机科学也为教育现象的研究提供了新的视角。新媒体的崛起改变了传统的教育模式，使得教育资源可以跨越时空界限进行传播和共享。计算机科学则为教育提供了新的技术手段和工具，如在线教育、智能教学系统和虚拟现实等，为教育创新提供了无限可能。

通过整合历史、哲学、心理学、社会学、文化社会学、新媒体和计算机科学等多元视角，我们可以更全面地理解教育现象的本质、目的和功能。这种全面的理解不仅有助于我们深入认识教育的内在规律和特点，也有助于我们更好地应对教育实践中的挑战和问题。在未来的教育研究中，我们应该继续加强跨学科的交流和合作，不断拓展和深化对教育现象的认识和理解。

二、解决教育问题

在当今这个瞬息万变的社会，教育问题已然成为一个无法忽视的重要议题。随着科技的飞速发展、全球一体化的推进、社会结构的深刻变革，教育理所当然地面对着各种机遇和挑战，单一视角的教育观已经难以满足社会的多元化需求，而多维视角的教育分析则显得至关重要。

多维视角教育观，简而言之，就是从多个维度、多个层面去审视和解析教育问题。这种视角不仅关注教育的宏观层面，如教育政策、教育资源配置等，还深入到教育的微观层面，如学生心理等。通过多维度的分析，我们能够更全面地了解教育的本质和规律，从而更有效地解决教育问题。

从宏观层面来看，多维视角教育观强调教育政策与教育资源配置的公平性和合理性。在全球化的大背景下，各国和地区之间的教育竞争日益激烈，教育资源的分配成为一个关键性问题。多维视角能够帮助我们更准确地把握各国和地区教育政策的发展动态，分析教育资源在不同地区、不同人群之间的分配情况，从而提出更加公平、合理的教育资源配置方案。

从中观层面来看，多维视角教育观关注教学方法和学生心理的多元需求。传统的教学方法往往以教师为中心，忽视了学生的个体差异和需求。多维视角则提倡以学生为中心的教学方法，关注学生的个性化发展，尊重学生的学习兴趣和特长。同时，多维视角还关注学生的心理健康和成长需求，强调教育应该关注学生的全面发展，而不仅仅是学术成绩。

多维视角教育观是应对当今复杂教育问题的有效手段。它不仅能够帮助我们更全面地了解教育的本质和规律，还能够提出更加公平、合理的教育资源配置方案，关注学生的个性化发展和全面成长。在未来的教育发展中，我们应该积极推广多维视角教育观，促进教育的多元化和全面发展。同时，我们还需要加强跨学科的研究和合作，不断探索新的教育方法和手段，为培养更多具有创新精神和实践能力的人才做出更大的贡献。只有这样，我们才能够更好地应对社会的挑战和机遇，实现教育的可持续发展。

三、提升教育研究的科学性

在当今快速发展的信息时代，教育研究正逐渐成为推动教育变革、提高教育质量的关键因素。然而，如何让教育研究更具科学性、更具深度和广度，一直是教育领域面临的重要挑战。多维视角的整合，作为一种全新的研究思路，正逐渐展现出其独特的价值和潜力。

多维视角的整合，简单来说，就是综合运用不同学科的理论和方法，对教育现象进行全方位、多角度的研究。这种整合不仅打破了学科壁垒，让研究者在广阔的知识海洋中畅游，也为教育研究的科学性和深度提供了坚实的支撑。

（一）多维视角的整合有助于严谨地设计研究方案

多维视角的整合对于严谨地设计研究方案具有至关重要的作用，在传统的教育研究领域，研究者们往往局限于教育学自身的理论和方法，而忽视了其他学科所蕴含的丰富资源。然而，随着学科交叉融合的不断发展，我们越来越认识到，单一学科的研究方法和视角往往难以全面揭示教育现象的真相。因此，引入心理学、社会学、经济学等多学科的理论和方法，可以使研究方案的设计更加严谨和全面。具体而言，引入心理学的理论和方法，可以让我们更深入地探讨学生的学习动机和心理过程。例如，通过运用心理学中的认知理论，我们可以研究学生在学习过程中的信息加工方式、记忆策略以及问题解决能力等方面的表现。此外，我们还可以利用心理学中的情感理论，分析学生的学习情绪、自信心和归因倾向等因素如何影响学习效果。这些深入的研究将有助于我们更好地理解学生的学习心理，为教学设计和改进提供科学依据。同时，引入社会学的理论和方法，可以使我们更全面地分析教育现象与社会环境的关联。教育不仅仅是个体层面的学习和发展过程，更是一个与社会环境紧密相连的复杂系统。通过运用社会学中的结构功能主义理论，我们可以研究教育制度如何与社会结构相互作用，共同塑造个体的教育轨迹。此外，我们还可以通过运用社会学中的冲突理论，探讨教育资源和机会的分配不公问题，以及这些问题如何影响教育公平和社会公正。这些研究将有助于我们更全面地理解教育现象背后的社会因素，为教育改革和社会进步提供有力支持。除了心理学和社会学之外，引入经济学等其他学科的理论和方法同样具有重要意义。例如，通过运用经济学中的供需理论，我们可以研究教育资源的配置问题，探讨如何更有效地满足社会对教育的需求。此外，我们还可以利用经济学中的成本效益分析方法，评估教育投资的经济效益和社会效益，为教育政策的制定提供科学依据。通过引入心理学、社会学、经济学等多学科的理论和方法，我们可以更深入地探讨学生的学习动机和心理过程，更全面地分析教育现象与社会环境的关联，以及更有效地评估教育资源的配置和投资效益。这些跨学科的研究将为我们提供更丰富、更全面的认识和理解教育现象的途径，为教育研究和实践的改进提供有力支持。

（二）多维视角的整合有助于提高数据收集和分析的精度

在现代社会中，数据的收集和分析已经变得日益重要，尤其是在教育领域。为了更准确地了解教育现象，我们需要从多个维度出发，整合各种数据资源，以获取更全面的信息。多维视角的整合不仅有助于提高数据收集和分析的精度，还能为我们提供更深入的教育洞察。

在传统的研究中，数据往往只能反映某一方面的信息，这种局限性导致我们难以了解教育现象的全貌。例如，仅仅依赖学生的考试成绩来评估教育质量是片面的，因为考试成绩只能反映学生的知识掌握程度，而无法体现学生的创新能力、实践能力、情感态度等方面的信息。因此，我们需要从多个学科、多个角度出发，整合各种数据资源，以获取更全面的教育信息。

多维视角的整合意味着我们需要将不同学科、不同领域的数据进行融合，以揭示教育现象的内在联系和规律。例如，通过整合学生的考试成绩、课堂表现、家庭背景、心理健康等多方面的数据，我们可以更准确地评估教育的效果和影响。这种整合不仅可以帮助我们了解学生的学习状况，还可以揭示家庭、社会等因素对教育的影响，从而为我们制定更有效的教育政策提供有力支持。

多维视角的整合还需要借助先进的数据分析技术和方法。随着大数据时代的到来，我们拥有了海量的教育数据资源。然而，如何从这些海量数据中提取有价值的信息，是摆在我们面前的一大挑战。因此，我们需要运用数据挖掘、机器学习等先进技术，对多维数据进行深度分析和挖掘，以发现隐藏在数据背后的规律和趋势。

多维视角的整合对于提高数据收集和分析的精度具有重要意义。通过整合不同学科、不同领域的数据资源，并运用先进的数据分析技术和方法，我们可以更全面地了解教育现象，为制定更有效的教育政策提供有力支持。在未来的教育研究中，我们应该更加注重多维视角的整合，以推动教育领域的持续发展和进步。

(三)　多维视角的整合有助于得出更可靠的结论

在寻求真理和知识的道路上，多维视角的整合无疑是一把锐利的剑，它能够帮助我们剖析复杂的问题，得出更为可靠和全面的结论。这种综合性的研究方法不仅体现了学术的严谨性，更展现了跨学科的研究力量。

在科学研究领域，我们常常会发现单一学科的研究方法和理论具有一定的局限性。因此，当我们试图解释某个复杂的现象或问题时，往往需要从多个学科的角度进行综合分析。例如，在探讨气候变化问题时，我们需要运用物理学、化学、生物学、地理学等多个学科的知识和方法，才能全面理解气候变化的成因、过程和影响。

多维视角的整合不仅有助于我们得出更为全面和客观的结论，还能够提高结论的学术价值和社会价值。通过整合多个学科的研究成果，我们可以发现不同学科之间的内在联系和相互影响，从而揭示出更为深刻和本质的规律。这种综合性的结论不仅为学术研究提供了宝贵的参考，还能够为社会实践提供更为准确和有效的指导。

以教育政策为例，教育政策的制定和实施往往涉及教育学、心理学、社会学、经济学等多个学科的知识。通过整合这些学科的研究成果，我们可以更准确地预测教育政策的社会影响，为政策制定提供更为科学的依据。这不仅有助于提高教育政策的针对性和有效性，还能够促进教育事业的持续健康发展。此外，多维视角的整合也有助于打破学科之间的壁垒和界限，推动学科之间的交流和合作。在当今知识爆炸的时代，跨学科的研究方法和视角已经成为科学研究的重要趋势。通过整合不同学科的知识和方法，我们可以发现新的研究领域和研究方向，推动科学的不断进步和发展。

多维视角的整合在得出结论中具有重要作用，它不仅能够帮助我们更全面、客观地理解问题，提高结论的学术价值和社会价值，还能够推动学科之间的交流和合作，促进科学的不断进步和发展。因此，在未来的研究工作中，我们应该更加注重多维视角的整合，以推动科学研究的深入发展。

教育学理论的多维视角的意义和价值在于它能够帮助我们更全面、深入地理解教育现象和问题，推动教育创新和发展，促进教育公平和科学性。这对于提升教育质量、培养优秀人才和推动社会进步具有重要意义。

第二章

教育与人

第一节 教育与人的发展

一、个体身心发展的概念及特殊性

人的身心发展是指从出生到身体成熟和心理成熟的两个方面向积极方向进行有规律的发展完善的变化过程，这是由简单到复杂、由低级到高级不断上升的运动过程。[1]它包括：

（1）身体发展。组成人体的基本物质是细胞和细胞间质，它们集合成组织，许多组织结合起来构成器官，而若干相互有关器官一起组成一个系统，如运动系统、消化系统、呼吸系统、循环系统、泌尿系统、神经系统、内分泌系统及生殖系统。八大系统各有其结构和功能上的特点，它们相互密切地联系形成一个完整的身体。人体与周围环境之间不断进行的物质交换和能量交换的新陈代谢过程，使人体可以生长、发育、生殖及维持其他各种生命活动。

（2）心理发展。人的心理现象是物质发展到一定阶段才出现的，它随着神经演化而逐步发展，最后产生人的心理。脑是心理活动器官，没有脑就没有心理现象。随着个体健康发育，脑的重量明显增加，心理活动也随

---

〔1〕 参见王安之：《论教育与人的身心发展的关系》，载《吉林广播电视大学学报》1999 年第 3 期。

之日趋完善。心理的产生和发展受社会条件的制约，心理活动规律是遗传与环境相互作用而逐渐形成的。人类进化不但优化了机体的结构和功能，而且形成了稳定的心理机制。社会实践是心理健康发育的重要条件，它可以促进心理活动的发展与完善。在 20 世纪 80 年代沈阳郊县发现的"猪孩"，由于长期生活在猪圈中，尽管有大脑器官，但心理发育停滞，不会说话，只会号叫，四肢爬行，养成了猪的习性。这就说明，人类长期脱离社会生活，心理活动水平也会下降甚至退化。[1]

身体发展和心理发展既相互制约，又相互促进。身体的发展特别是脑神经系统发展的状况和水平制约着心理活动及其发展。同样，身体的发展也受到认知、情感、意志、性格等心理过程和心理特征的影响。教育工作者的任务就是不断引导并促进学生身心和谐健康发展。因此，正确理解身心的含义和内容，才能为我们的教育工作建立科学的基础。

（一）个体身心发展的概念

个体身心发展，是指作为复杂整体的个体在整个人生历程中不断发生变化的过程，特别是指个体的身心特点向积极方面变化的过程。这其实也是人的各方面潜在力量不断转化为现实个性的过程。

（二）人的身心发展的特殊性

1. 人的身心发展是在社会实践过程中实现的

人是社会的人，人是在社会环境中发展的。在社会环境中，不仅存在着与每个个体性质不同、联系程度不同的各类群体，而且还存在着人的创造物和各种创造性工具。个体只有参与社会实践，才能生存和发展。认识人的身心发展的社会实践性，可以使我们认识到，教育的重要任务是促进人的社会化，重视教育活动的社会意义，加强与社会实践的联系，还要重视每个人社会实践活动的质量。

2. 人的身心发展具有能动性

人具有认识世界的能力，这使人与其他动物相区别；人还有改造世界

---

〔1〕 参见王安之：《论教育与人的身心发展的关系》，载《吉林广播电视大学学报》1999 年第 3 期。

的能力，是具有自我意识，发展到一定阶段的人，具有规划自己的未来和为未来的发展创造条件的能力。较好地发挥人的能动性，是一个人的发展达到较高水平的重要因素。对人的潜在能力的充分信任，对社会实践在人的发展中的价值的清醒认识，是教育个体发展功能正常发挥的重要前提，也是教师在教育活动中促进人类发展的基本要求。

二、关于影响人的身心发展因素的主要观点

（一）单因素论与多因素论

1. 遗传决定论

遗传决定论亦称"生物因素决定论"，是一种单因素决定论，它认为人的机体构造、形态、神经系统机制、能力和性格的发展以及差异的形成都是由遗传决定的。英国学者高尔顿认为，儿童的智力品质在生殖细胞的基因中就已经确定，后天的环境和教育只能影响这些由遗传决定的能力和品质实现的早晚，而不能加以改变。这一论点贬低了环境和教育在个体发展中的作用。

2. 环境决定论

环境决定论强调人的机体构造、形态、神经系统机制、能力和性格的发展以及差异的形成都是由环境决定的。该理论的代表人物是美国行为主义心理学家华生，持这种观点的人，把人看作环境和教育的消极产物。马克思主义认为，人不是被动地接受环境的影响，归根到底，环境也要由人来改造，人在实践中改造着自己，也改造着环境。

3. 辐合论

辐合论亦称"二因素论"。这种发展观肯定先天遗传和后天环境两种因素对儿童发展都有重要的影响作用，而且两者的作用各不相同，不能相互替代。德国心理学家施太伦认为，儿童心理发展受环境和遗传两种因素的"合并原则"共同影响。辐合论认为，心理的发展并非单纯地靠天赋本能的逐渐显现，也非单纯的对外界影响的接受或反映，而是个体内在品质与外在环境合并发展的结果，发展等于遗传与环境之和。辐合论对教育实

践有一定的影响。

4. 三因素论

在批判"二因素论"基础上发展起来的"三因素论"认为，人的发展是由遗传、环境和教育决定的，遗传素质是人发展的物质前提，环境和教育对人的发展起决定作用，相对于环境影响来说，教育在人的发展中起主导作用。随着凯洛夫《教育学》在中国的传播，"三因素论"曾一度成为我国教育理论界公认的观点。这一时期影响人发展因素的研究主要采用因素分析的方法，这一点同样为后来的研究所沿用。

"三因素论"在我国教育学中的公认地位大约持续到20世纪80年代初。它之所以在我国相当长的时间内被一致认可，除了历史的原因以外，确实还因为它无论较之哪一种因素论都更全面地体现了影响人发展因素的组成及其相互关系，并且对一些原有的观点做了改造：把带有一定宿命论色彩的"遗传决定论"中对遗传作用的认识，改造成人发展的物质基础，体现了唯物主义精神；在环境因素中，突出了社会环境的作用，摆脱了部分生物化倾向；对教育的作用上，则强调了它在人的发展中定向、加速和强化的主导作用，这些在理论上都是一大进步。然而，这一理论也还存在着许多不足。苏联在20世纪70年代出版的、由巴拉诺夫主编的《教育学》就对这一理论提出了批评。我国在20世纪70年代末也有人开始批评这一理论，到了80年代，不少人在批评这一理论的基础上对影响人发展的因素及其作用进行了新的探讨。[1]

5. 诸因素交互作用论

马克思主义认为，人的本质是一切社会关系的总和。人的身心发展是遗传、环境、教育以及个体内在因素综合交互作用的结果。任何只强调某一因素的决定作用的论断都是错误的。

---

〔1〕 参见涂艳国：《关于影响人发展的因素及其作用的研究》，载《教育理论与实践》1995年第6期。

（二）内发论与外铄论

1. 内发论

内发论者一般强调人的身心发展力量主要源于人自身的内在需要，身心发展的顺序是由身心发展成熟机制决定的。中国古代教育家孟子可以说是内发论的代表。他认为，人的本性是善的，人的本性中有恻隐之心、羞恶之心、辞让之心和是非之心，这"四心"分别是仁、义、礼、智的基础。人只要善于修身养性，内向寻求，这些品质就能得到发展。现代西方的内发论者进一步从人的机体需要和物质因素来说明内发论。如奥地利精神分析学派创始人弗洛伊德认为，人的性本能是最基本的自然本能，它是推动人发展的潜在的、无意识的、最根本的动因。美国当代生物学家威尔逊把"基因复制"看作决定人的一切行为的本质力量。[1]美国心理学家格塞尔则强调成熟机制对人的发展起决定作用。他认为，人的发展基因受特定的顺序支配，完成一系列顺序后机体达到成熟，教育要想通过外部训练抢在成熟的"时间表"前形成某种能力的想法是低效的，甚至是徒劳的。美国心理学家格塞尔是成熟决定论者，[2]他用"同卵双胞胎"爬梯子的实验很好地说明了这一点。格塞尔还认为，成熟的作用在思维、情感、个性等高级心理活动中也同样有不可忽视的影响。

2. 外铄论

外铄论的基本观点是人的发展主要依靠外在的力量，诸如环境的刺激和要求、他人的影响和学校教育等。对于人自身的因素，有人认为是需要改造的，如"性恶论"的代表人物荀子就持这样的观点。他认为，人的自然本能、感觉、知觉都引导人向满足自身欲望的方向发展，因此人性是恶的。而人的"礼""义"行为是人为因素影响的结果，是后天习得的，称为"伪"，教育的作用就是"化性起伪"。有人认为外部力量决定了人的发展状况，如英国哲学家洛克的"白板说"就是一个典型的代表。洛克认

---

〔1〕　参见顾桂荣、张耀德：《发现教育：让每一个孩子成就最好的自我》，载《江苏教育研究》2013年第2期。

〔2〕　参见项贤明主编：《教育学原理》，高等教育出版社2019年版，第88页。

为，人出生后的心灵如同一块白板，人类一切知识都是后天经验的结果，因此教育在人的发展过程中具有重要作用。外铄论的另一典型代表美国行为主义心理学家华生认为，行为是可以通过学习和训练加以控制的，只要确定了刺激和反应（即 S-R）之间的关系，就可以通过控制环境而任意地塑造人的心理和行为。[1]根据这一理论，人的心理和行为的形成与发展，是人在环境中不断学习、训练的结果。外铄论强调环境的影响，有其合理性和积极的意义，但这一理论过分夸大了外部因素的影响作用，忽视了人的主观能动性。

（三）内因与外因相互作用论

辩证唯物主义认为，人的发展是个体的内在因素（如遗传的因素、机体成熟的机制）与外部环境（外在刺激的强度、社会发展的水平、个体的文化背景等）在个体活动中相互作用的结果。人是能动的实践主体，没有个体的积极参与，个体的发展是不能实现的；在主客观条件大致相似的情况下，个体主观能动性发挥的程度，对人的发展有着决定性的意义。因此，我们把个体积极投入实践的活动，看作内因和外因对个体身心发展综合作用的汇合点，也是推动人身心发展直接的、现实的力量。根据这样的观点，教育活动中主客体之间的关系、师生之间的关系，以及怎样让学生积极主动地参与各种教育活动，自然受到特别的重视。

三、个体身心发展的一般规律

个体的身心发展遵循着某些共同的规律，这些规律制约着我们的教育工作。遵循、利用这些规律，可以使教育工作取得较好的效果；反之，则事倍功半。[2]

（一）个体身心发展的顺序性

个体身心发展在整体上具有一定的顺序性，身心发展的过程和特点的

---

〔1〕 参见孟延凤、彭举鸿：《关于教育功能的若干哲学思考》，载《重庆第二师范学院学报》2014 年第 4 期。

〔2〕 参见董瑾炜：《班主任影响学生发展的个性化探索》，内蒙古师范大学 2009 年硕士学位论文。

出现具有一定的顺序。例如，身体的发展遵循从上到下、从中间到四肢、从骨骼到肌肉的发展顺序，心理的发展则是由机械记忆到意义记忆，由具体思维到抽象思维，由喜怒哀乐等一般情感到理智感、道德感、美感等复杂情感。瑞士心理学家皮亚杰关于发生认识论的研究，揭示了个体认知发展的一般规律，即按照感知运算水平—前运算水平—具体运算水平—形式运算水平的顺序发展。美国心理学家科尔伯格研究证明，皮亚杰的发生认识论在个体的道德认知过程中具有普遍的推广意义，人的道德认知遵循从前习俗水平到习俗水平，再到后习俗水平的发展规律。

身心发展的顺序性决定了教育教学工作的顺序性。无论是思想品德的修养，还是知识、技能的传授，都应坚持由易到难、由简到繁、由具体到抽象、由低级到高级循序渐进地进行。不能"揠苗助长"，也不要"陵节而施"。[1]

（二）个体身心发展的阶段性

个体在不同的年龄阶段表现出身心发展不同的总体特征及主要矛盾，面临着不同的发展任务，这就是身心发展的阶段性。前后相邻的阶段是有规律地更替的，在一段时期内，发展主要表现为数量的变化，经过一段时间，发展由量变到质变，从而达到一个新的水平。

个体从出生到成熟，要经过乳儿期、婴儿期、幼儿期、童年期、少年期、青年期等发展阶段。在发展的每个阶段，都具有典型的本质的特征，这就是身心发展的年龄特征。如童年期（六七岁至十一二岁）的学生的思维特点具有较大的具体性和形象性，抽象思维能力还比较弱，对抽象的道理不易理解；少年期（十一二岁至十四五岁）的学生，抽象的思维已有很大的发展，但经常需要具体的感性经验做支持；青年初期（十四五岁至十七岁）的学生，抽象的思维居于主要的地位，能进行理论的推断，富有远大的理想，关心未来的职业。[2]

---

〔1〕　参见王安之：《论教育与人的身心发展的关系》，载《吉林广播电视大学学报》1999年第3期。

〔2〕　参见唐荣斌：《试论教育与人的身心发展的关系》，载《佳木斯教育学院学报》1996年第4期。

身心发展的阶段性决定了教育、教学工作的阶段性。学生年龄阶段不同，对接受施教的内容、方法能力也不同。在教育工作中，就必须从教育对象的实际出发，针对不同年龄的学生，提出不同的具体任务，采用不同的教育内容和方法。如对童年期的学生，在教学内容上应该多讲些比较具体的知识和浅显的道理，在教学方法上应多采用直观教具；对少年期的学生，在教学上要特别注意理论与实践的结合；对青少年学生要注意培养学生辩证逻辑的思维能力，向他们进行革命的理想教育和升学就业的指导，改变传统的"大锅饭""一锅粥"现象。[1]

（三）个体身心发展的不平衡性

个体身心发展的不平衡性表现在两方面：一是同一方面发展的不平衡性。不同的年龄阶段，发展的变化速度是不平衡的。例如，青少年的身高体重有两个生长的高峰，第一个高峰出现在出生后的第一年，身高可增长 25cm，体重可增加 7kg；第二个高峰则在青春发育期，身高每年可增长 7cm~8cm，体重可增加 5kg~6kg。在这两个高峰期内，身高体重的发展速度比平时要迅速得多。其他时期内身高和体重的发展则较为缓慢。[2]

二是不同方面发展的不平衡性。有的方面在较早的年龄阶段就已达到较高的发展水平，有的则要到较晚的年龄阶段才能达到成熟的水平。如在生理方面，神经系统、淋巴系统成熟在先，生殖系统成熟在后。在心理方面，感知成熟在先，思维成熟在后，情感成熟更晚，因此感觉、知觉、机械识记在少年时期已有较高的发展水平，而逻辑思维则需要到青春期才能有相当的发展。

教育措施应与学生不同方面发展的成熟程度相适应，既不强行灌输学生难以接受的内容，又不迁就学生的现有发展水平，要为学生的发展创造条件，促使其更快成熟，进入更高的水平。这样可以达到事半功倍的

---

〔1〕 参见唐荣斌：《试论教育与人的身心发展的关系》，载《佳木斯教育学院学报》1996 年第 4 期。

〔2〕 参见王安之：《论教育与人的身心发展的关系》，载《吉林广播电视大学学报》1999 年第 3 期。

效果。

人的身心不同方面有不同的发展期这一现象，越来越引起心理学家的重视，心理学家提出了"发展关键期"或"最佳期"的概念。所谓"发展关键期"是指身体或心理的某一方面的机能和能力最适宜形成的时期。在这一时期，对个体某一方面的训练可以获得最佳成效，并能充分发挥个体在这一方面的潜力。错过了关键期，训练的效果就会降低，甚至永远无法弥补。

（四）个体身心发展的互补性

互补性反映个体身心发展各组成部分的相互关系，它首先指机体某一方面的机能受损甚至缺失后，可通过其他方面的超常发展得到部分补偿。如失明者通过听觉、触觉、嗅觉等方面的超常发展补偿视觉的不足。机体各部分存在着互补的可能，使人在自身某方面缺失的情况下能与环境协调，从而为继续生存创造条件。

互补性也存在于心理机能与生理机能之间。人的精神力量、意志、情绪状态对整个机能起调节作用，它可以帮助人战胜疾病，使人的身心得到发展。我们身边有很多这样出色的人物。相反，如果一个人的心理承受能力太差，缺乏自我调节能力和坚强的意志，即使很小的疾病或磨难也会将其击倒。互补性告诉我们，发展的可能性有些是直接可见的，有些是隐性的，培养自信和努力的品质是教育工作的重要内容。

（五）个体身心发展的个别差异性

个别差异性在不同层次上存在。从群体的角度看，首先，个别差异性表现为男女性别的差异，它不仅是自然性的差异，还包括由性别带来的生理机能和社会地位、角色、交往群体的差别。其次，个别差异性表现在身心的所有方面。其中有些是发展水平的差异，有些是心理特征表现方式上的差异。具体可以从以下三个方面理解个体身心发展的个别差异性：

（1）同一方面的发展速度和水平不尽相同。有的个体没有达到这一相应年龄的应有水平，有的个体则已经具备了下一年龄阶段的某些特征。如同是7岁儿童，有的人抽象思维能力尚未形成，不能脱离实物和手指进行运算；有的人抽象思维能力有了一定的发展，能够掌握数的概念，利用数的概念进行运算。

（2）表现在不同方面的发展关系上。如有的学生第二信号系统较之第一信号系统占优势，他们的数学能力很强，而绘画能力较差。有的学生社会活动能力较强，而学习能力较弱；另一些学生则相反，学习能力较强，达到了相当程度，而社会活动能力较弱。

（3）表现在个性心理倾向上。同龄人有着不同的兴趣、爱好、气质和个性。如有的酷爱文学艺术，有的则喜欢体育运动；有的坚毅果断，有的则犹豫不决或见异思迁；有的热情豪放，有的则冷漠拘谨。

应该指出的是，教育要适应年轻一代身心发展的规律，并不等于迁就学生身心发展的现有水平，而是从学生身心发展的实际出发，向他们提出经过他们努力能够达到的要求，促进他们的身心发展，不断提高他们身心发展的水平。

需要说明的是，个体发展水平的差异不仅仅是由个人的先天素质、内在机能的差异造成的，而且还受到环境及发展主体在发展过程中的努力程度和自我意识的水平、自我选择的方向的影响。在教育工作中发现、研究个体间的差异特征，做好因材施教是非常重要的。

四、影响人的身心发展的诸因素及其作用

（一）遗传素质在人的身心发展中的作用

1. 遗传素质的定义

遗传因素是先天继承下来的，与生俱来的解剖生理特征，如机体的结构、形态、感官和神经系统类型等。[1]这些遗传的生理特点（主要是感觉器官和神经系统的特点），也叫作遗传素质，即我们通常所说的与生俱来的"天赋"。

2. 遗传素质在人的身心发展中的作用

（1）遗传素质是人身心发展的生理前提，为人的身心发展提供了可

---

〔1〕 参见项贤明主编：《教育学原理》，高等教育出版社 2019 年版，第 87 页。

能。如果没有遗传素质为人的身心发展提供生理前提，人的发展就无法实现。如果一个人生下来无大脑，也就不会有思维机制，大脑为人的心理发展提供了物质和生理的前提条件。正因为人有了大脑，人在后天的环境和教育的影响下，才可以学习极为复杂的文化科学知识，才会发明和创造新事物。但是遗传素质只是人的发展在生理方面的可能性，它不是现成的知识、才能、思想、性格、道德品质等，不能决定人的发展。如果离开了后天的环境和教育，遗传素质给予人的发展的可能性便不能成为现实。

根据马克思主义的基本原理，人既是社会实体，也是自然实体。而且首先应该是一个自然实体，遗传素质是人的自然实体，它是人的发展的自然或生理前提条件。就人的机体来说，是男是女、是高是矮、皮肤白或黑、感觉器官和神经系统的机能是灵敏还是迟钝，这些都与遗传有关，若离开了遗传，人的机体就不可能获得由先天遗传所赋予的这些生理解剖上的特征。据中国科学院心理研究所调查的 22.8 万名儿童中，发现低能儿占 3%~4%，而低能儿中 50% 以上是先天因素造成的，其中父母低能与近亲婚配造成遗传缺陷的占相当大比例。可见，遗传素质对于人的发展具有一定的影响，它为人的发展提供了必要的生理前提和自然条件。[1]

（2）遗传素质的成熟过程制约着人的身心发展过程及其阶段。遗传素质是逐步成熟的，它有一个发展的过程。人们常说的"三翻、六坐、八爬叉、十个月会喊大大"，就反映了人的遗传素质的发展过程及其成熟程度，它既为一定年龄阶段的儿童的某些身心特点的出现提供了可能，也为它的超越性发展带来了限制。近年，儿童心理学研究发现，儿童的思维发展与他们大脑的重量等的发展有关。人脑平均重量的发展趋势为：新生儿的为 390g，八九个月大的为 660g，2 岁~3 岁的为 990g~1011g，6 岁~7 岁的为 1280g，9 岁的为 1350g，12 岁~13 岁的儿童大脑平均重量达 1400g，和成人接近。因此，心理学家和教育学家都认为，早于成熟期或迟于成熟期的学习，都无助于人的发展；只有当身体的发展具有了一定条件，才为学习

---

〔1〕　参见祝林山：《简论影响人的发展的主要因素》，载《孝感教院学报》1996 年第 4 期。

一定的知识技能提供可能。

人的遗传素质有一个发展成熟的过程，只有机体某一部分达到成熟程度，才能出现某种机能和行为。它为某个年龄阶段施行的教育影响提供了可能和限制。人的机体成熟作用在思维、情感、个性等高级心理活动中也同样不可忽视。

（3）遗传素质的差异性对人的身心发展有一定的影响作用。人的遗传素质是有差异的。这种差别不仅表现在人的体态上，如高、矮、胖、瘦等，还表现在感官和神经活动的类型上。有的人反应敏捷，有的人则迟缓，有的人喜静，有的人好动，有的人抑郁，有的人乐观等，这都反映了不同的人在高级神经活动类型上的个别差异性。正是由于这种差异性，青少年儿童的发展表现出不同的智力水平、才能和个性特征等，即所谓"人上一百，形形色色"。现代遗传学的研究证明了基因的物质基础差异在于核糖核酸和脱氧核糖核酸排列结构及其活动的差异。一个先天禀赋优异的儿童，如果后天得到良好的教育，在某些方面发展得更快、更好是完全有可能的；而一个先天禀赋不足的儿童，其发展是有限的。不承认遗传对人发展的影响的客观存在是不行的，我们需要关心的是怎样创造条件，使具有不同先天素质的人都尽可能得到充分的发展。

（4）遗传素质具有可塑性。遗传素质与生俱来，具有稳定性。但是遗传素质同样也具有随着环境、教育和实践活动的作用而改变的一定的可塑性。另一方面，人的遗传素质发展的过程，也因人的生活条件的不同，或提前或推迟。有的人早熟，有的人则大器晚成。当今的青少年在身高、体重、性成熟和智力的发展上均比过去有所增加或提前。[1]这表明人的遗传素质是有发展潜力与弹性的。

（5）遗传素质在人的发展中不起决定作用。遗传素质仅仅提供了人发展的可能性，这种可能性必须在一定的环境和教育的影响下才能转化为现实。遗传素质对人的发展不起决定作用是因为遗传素质本身是随着环境的

---

［1］　参见祝林山：《简论影响人的发展的主要因素》，载《孝感教院学报》1996年第4期。

改变而改变的。遗传的影响不可忽视，但它不是唯一的决定性因素，它只是人的发展在生理方面的可能性，而不是人的发展的现实性，它不能预定或决定人的发展。离开了后天的社会生活和教育，遗传素质这种前提只能是一种潜在的可能。宋代王安石在《伤仲永》这篇短文里，讲到江西金溪有个名叫方仲永的少年，少时聪明无比，五岁时就能作诗。由于缺乏良好的生活条件和及时的教育培养，十二三岁时写的诗就已黯然失色，到二十岁左右，则"泯然众人矣"。这说明只有在环境和教育的影响下，遗传素质才能获得发展，向着肯定或者否定的方向变化，并获得一定的表现形式。[1]因此，不能过分夸大遗传素质在人的发展中的作用，否则会犯遗传决定论的错误。

（二）环境在人的身心发展中的作用

1. 环境的内涵

环境是指人生活在其中，能影响人的一切外部条件的综合，包括自然环境和社会环境两大部分。自然环境是人与动物所共有的环境，是人与动物生存和发展的基础，社会环境是人类所特有的一种环境，在人的发展中，起决定作用的就是这种人类所特有的社会环境。自然环境对人的发展的影响只有在与社会环境发生联系时才能起作用。对人的发展起主要作用的是社会环境，社会环境包括物质环境、社会关系和意识形态三个部分。[2]

社会环境对人的身心发展的影响，主要体现在以下几个方面：[3]

（1）取代生物进化成为人的新型进化的条件。现代人的进化，已绝不仅仅是生物学意义上的进化。人类社会生产力的发展和文化的繁荣，正渗透进人的发展的历史进程，成为影响人进化的新因素。随着人的生物性构造的形成，产生了能思维的脑，导致人创造了使人能相对独立于自然环境

---

〔1〕　参见祝林山：《简论影响人的发展的主要因素》，载《孝感教院学报》1996年第4期。

〔2〕　参见祝林山：《简论影响人的发展的主要因素》，载《孝感教院学报》1996年第4期。

〔3〕　参见张宇：《教育、社会环境与人的发展》，载《六盘水师范高等专科学校学报》1997年第1期。

变化的工具、劳动手段等。这就产生了取代生物进化的新型进化过程的条件——社会的和文化的变化。这种变化对人类发展具有特殊意义，并且对人类继续进步有巨大影响。相对而言，人在生物学意义上的变化是很缓慢的，并且早已不再对生产活动的变化、人们的思维方式和人们知识的发展起决定性的影响，不再对历史过程发生决定影响，有被逐渐取代的趋势。

（2）对人的思想品德的形成有重要影响。教育为人的思想品德提供一定的理论基础，使人的思想品德形成一个粗略的框架，稳定、充实的思想品德则是在实践中形成的，并且在实践中得以丰富，而实践离不开社会环境。一个人生下来就在一定的社会环境中，从儿童时期与父母、邻里、亲朋的接触交往，到后来广泛深入地参与家庭、学校、社会生活，这个社会已经形成的人与人的关系以及反映这种关系的思想、理论、信念会潜移默化，转变成内在的思想观念，从而对其品德的形成产生重要影响。这种影响是其人生观、世界观、价值观、爱情观乃至整个思想品德体系形成的关键。

（3）为人提供文化科学知识的再教育。文化科学知识是促进人身心发展的重要手段，它不是与生俱来的，必须通过接受教育才能获得，但人迟早要脱离专门的教育环境，而仅靠教育获得的科学文化知识，在生产生活实践中显然不够。人必须不断地学习，查漏补缺，才能适应社会发展的需要。社会环境里图书、电脑、广播影视等传播媒介的运行，以及生产、生活、交际等社会活动的进行，恰好暗含了能适应这种需要的知识流动。只不过相对教育而言，它所传播的知识是零碎的。

总的来说，社会环境对人身心发展的影响，有自觉教育的因素，也有自发影响的因素。自觉教育指的是社会教育机构和文化教育设施按照一定的社会要求，有目的、有计划、有组织地对社会成员施加影响并组织一系列有教育意义的社会实践活动，把他们培养成为一定社会或阶级所需要的人。社会教育机构主要是为学生设置的，包括青少年宫、科技站、业余体校、阅览室、儿童图书馆、儿童公园、儿童影院等。文化教育设施是面向广大人民群众的，包括工人文化宫、图书馆、体育场、博物馆、纪念馆和电视、广播、电影、戏剧、报刊等。自发影响则指的是周围的人不经意的言行对他人的影响，这种影响是客观的，是无意识、无针对性的。自觉教育和自发影响因素都影响着人的身心发展，但自觉教育的媒介相对人的活动范围来说，其涵盖面是相当狭窄的，而自发影响却无处不在，它是一种广泛的实践过程，所以社会环境对人身心发展的影响主要是自发影响。

2. 环境在人的身心发展中的作用

（1）环境为个体的发展提供了多种可能，包括机遇、条件和对象。人生活在不同的环境中，这些环境所提供的条件并不相同，对个体发展的意义也不相同，因而不同环境对人发展的影响也不相同。"近朱者赤，近墨者黑"和"孟母三迁"的故事都说明了环境对人的影响。

（2）环境对个体发展的影响有积极和消极之分。在同一环境中，各种因素作用的方向、力量的大小是不同的。对于教育者而言，要利用环境因素的积极作用抵制消极影响，要积极加强与社会之间的联系，充分利用社会中有利的教育力量。

（3）环境对人的发展不起决定作用。环境对人发展的影响是广泛的、经常的，也是自发的、无计划的，它并不能沿着一定方向长期、系统地影响人的身心发展。在肯定环境对人的发展具有影响作用的同时，不能忽视人的主观能动性和社会实践。环境不能机械地、任意地决定人的发展，环境对人的影响必然经过人的选择，人通过实践活动对环境影响做出反应。因此，处在同样环境中的个体，其发展水平也不完全相同。

3. 教育在人的身心发展中的作用

教育是教育者根据一定社会的要求，有目的、有计划、有组织地对学习者的身心施加影响，把他们培养成为社会所需要的人的社会实践活动。它配备训练有素的专职教师，通过对学生有准备地、系统地进行教育和训练，对人的身心发展施加决定性的影响。概括起来有三个方面：

（1）为人的身心发展奠定基础。人不同于动物，人的身心发展也不同于动物，它是个体的人从出生到生命终止在生理和心理结构两方面有规律地进行量变和质变的过程。这种过程仅靠生物因素的自然作用和环境的零碎影响是远远不够的。人作为社会意义上的人，要使自己的生理和心理结构适应社会生存的需要，就必须获得前人在生产实践中积累下来的知识、学说、传统、习惯、行为规范等文化资料，而这需要教育来奠定基础。人类个体如果没有从童年时代就已开始的社会化活动，其中包括教育与培养、学习语言和文化传统的复杂过程，生物学意义上的人只不过是一种对人类生活无知的"似人"动物。[1]

（2）为人的身心发展提供动力。任何事物的发展都需要有一定的动力，人也不例外。人作为社会意义上的人，其发展要受社会的制约，同时也要受社会的推动。这种推动有两层含义：第一，社会决定着人的成长和发展规格。社会需要什么样的人，人的身心就必须朝什么样的方向发展，否则终究会被社会淘汰。当这种客观需要被人主观认识后，人就会产生适应这种需要的心理准备，并在此准备上有所行动，这构成人身心发展的一个重要动力。第二，人在适应社会需要的同时，也会能动地产生主观上的需要。人们在生产劳动、日常生活中必然有所需求（当然，这种需求要符合社会利益），因而也有所准备，这种准备常常推动人的身心向前发展。这两种推动，虽然究其根源是社会的作用，但都要通过教育媒介来实现。因为只有通过教育，人们才能认识和产生这些需要，这些需要也才能得到正确的引导。离开了教育，人的认识将是一片混沌，身心发展的动力也就无从谈起，正如钱景舫所说，各种需求的激发是环境和教育的产物……为实现各种需求而必须具备的心理准备则主要是教育的结果。[2]

（3）为人的身心发展指明方向。人的身心发展主要是由教育和社会环境决定的，它们制约着人身心发展的程度和发展方向。但是，由于人在自身的发展中有主观能动性，这也不是绝对的：有的人逆境成才，有的人却在良好的教育和环境中走向了反面。并且，社会环境的影响总的来说是一种自发影响，有积极的因素，也有消极的因素。消极的因素会对人的身心

〔1〕 参见刁培萼、丁沅编著：《马克思主义教育哲学》，华东师范大学出版社1987年版，第104页。
〔2〕 参见余立主编：《现代教育思想引论》，华东师范大学出版社1986年版，第7页。

发展造成危害，对一个人的品德形成也有负面影响。[1]教育的影响则是一种高度自觉的影响，它可以严格遵循人身心发展的规律，有意识地对各种环境因素进行控制、改造和利用，使学习者的身心朝着统治阶级和社会需要的方向发展。教育虽然也会给人的身心发展带来某些负面影响（如中世纪欧洲经院教育、殖民地奴化教育等），但社会发展到今天，教育可以最大限度地控制消极影响，发挥积极作用，并争取优势，丰富人的科学文化知识，陶冶人的美好情操，培养人的良好品德，使人的身心发展尽量符合统治阶级和社会的需要。

值得注意的是，教育虽能为人的身心发展指明正确的方向，并在人的身心发展中起主导作用，但社会的错综复杂性，会给人们的思想造成纷乱和冲击，所以稳定的道德观还要靠人自身在社会中实践，主观能动地受社会环境的影响而形成发展。

4. 学校教育在人的身心发展中的作用

（1）学校教育的内涵。学校教育即教育者按照一定社会的要求和学习者身心发展的规律，对学习者施行的一种有目的、有计划、有组织地传授知识技能、发展智力和体力、培养思想品德的系统影响活动。

（2）学校教育对人的身心发展起主导作用的含义界定。学校教育对人的身心发展起主导作用，这体现在两个方面：一是从影响力来看，比起遗传素质和环境的影响，学校教育对人的发展的影响力来得更大；二是从影响的结果来看，学校教育能把遗传所提供的人的发展的可能性和环境为人的发展所提供的后天条件充分地运用起来，促进人的身心的发展。这是由学校教育本身的特点决定的。首先，学校教育是有目的、有计划地专门为人的发展而组织起来的，它对人的发展的影响是依据科学原理来进行的。其次，学校教育活动的进行，由受过专业训练、懂得教育科学规律的教师在其中起主导作用。最后，学校弥漫着科学、文化和道德规范的气息。这些构成了学校教育环境的特殊性。从个体活动的角度来看，学校中的个体

---

〔1〕 参见张宇：《教育、社会环境与人的身心发展》，载《六盘水师范高等专科学校学报》1997 年第 1 期。

活动与其他社会活动的区别在于有教师的指导，活动的结果还要接受检查。这种特殊性使学校在影响人的发展上具有主导作用。

（3）学校教育在人的身心发展中的主导作用。

①教育是一种有目的地培养人的活动，它规定着人的发展方向。教育不管是有组织的或是无组织的，系统的或是零散的，家庭的或是学校的、社会的，都是有目的地培养人的活动，它以教育人为主要目的。学校教育能排除和控制一些不良因素的影响，给人以更多的正面教育，使人按照一定的思想政治方向发展，使年轻一代健康成长。学校教育是一种有明确目的性、方向性的专门培养人的社会活动。学校教育代表社会对人的要求，它能根据一定社会政治经济和生产力发展的需要以及年轻一代学生身心发展的规律、特点，按照一定的目的与方向，对人的发展的方向、内容做出社会性规范，并对人的要求或期望、体质、思想道德、知识、能力等多方面提出一系列规范。学校根据这些要求，对不同年龄、不同专门人才的培养做出相应的调整，并有意识地以教育目的和目标的形式去规范学校的其他工作，通过各种教育活动促使学生达到规范的目标。因此，教育，特别是学校教育能排除和控制一些不良因素的影响，给人以更多的正面教育，使人按照一定的思想政治方向发展，更有利于思想品德的培养，使年轻一代健康成长。

②学校教育给人的影响比较全面、系统和深刻。学校教育是学校根据一定社会的要求，按照一定的目的，选择适当的内容，利用集中的时间，有计划、系统地向学生传授科学文化知识，并进行一定的思想品德教育。它保证了教育、教学的良好秩序，把人的发展所需要的一切时间和空间全部纳入可控制的程序之内，保证了教育、教学顺利、有节奏地进行。同时学校教育又具有系统而积极、正面的学习内容，这些内容既考虑了社会政治经济对人才规格的需要，又考虑了知识的逻辑顺序和学生的年龄特点与接受能力，从而保证了人的身心发展的高效率与高质量。而环境中的其他方面的影响，往往是自发的、偶然的、片断的，是不能与学校教育相比拟的。相较于社会教育、家庭教育、自学成才等教育形式和方式，学校教育

速度更快、效果最显著。

③学校有专门负责教育工作的老师。学校教育是通过专门培训过的教师来开展工作的，教师受国家的授权和社会的委托来教育学生。他们有明确的目的，熟悉教育内容，懂得教育的规律和方法，能自觉地促进学生的思想、学业、身心朝一定的方向发展。

④学校教育对人的发展不仅具有即时价值（基础、普遍作用），而且具有延时价值（未来、长远作用）。学校教育的内容大部分具有普遍性和基础性，即使专门学校的教育内容，也属于该领域普遍和基础的部分，因而对人今后的进一步学习具有长远的价值。此外，学校教育提高了人的需求水平、自我意识和自我教育的能力，这对人的发展来说，更具长远的意义、价值，主要表现在以下几方面：

首先，学校教育使人的价值得到发现。任何人生活在世界上都是有价值的，不仅具有人类价值，同时具有个人价值。所谓发现人的价值，就是人在世界中的地位得到肯定，人的作用得到发挥，人的尊严得到保证。学校教育有责任不断提高人们对自身价值的认识，提高人们对人与人、人与社会、人与自然关系的认识，使人充分认识到人的生命价值，人的主体地位、人的个体的独特尊严。

其次，学校教育能发掘人的潜能。任何人生来都具有一定的潜能，甚至是优秀的潜能。潜能并不神秘，它是人足以区别于动物的根本标志。人的潜能很少能自动表现出来，人的潜能的充分发掘，必须通过教育、学习才有可能实现。教育工作者必须充分认识学生潜能存在的事实及价值，应尽可能地创造条件使其潜能得到发展。20世纪特别是后半叶以来，随着人的地位的提升和"以人为本"的呼声的日益高涨，对人的潜能的开发也就日益受到人们的重视，并取得了可观的成绩。

最后，学校教育具有发展人的个性、开发个体特殊才能的作用。每一个人都应当有自己的个性，而且还必须使自己的个性得到充分而自由的发展。所谓发展个性，就是要在人的共同性的基础上，充分把人的差别性显示出来，从而使每个人都具有高度的自主性、独立性与创造性，实现生命的个体价值与社会价值。学校教育可以根据学生的遗传素质，有意识地创造环境、条件和机会，发挥学生的长处，弥补他们的短处，使先天的遗传素质向有利于学生成长的方向发展。特殊教育在超常儿童和残疾儿童教育方面以及中小学举办的各种兴趣小组、科技小组活动等方面所做的探索和成就就充分证明了这一点。

学校教育内容的多面性和同一学生集体中学生间表现出的差异性，也有助于个体特殊才能的表现与发掘。在个性发展方面，学校教师和领导有教育学和心理学方面的知识素养，这有助于他们发现学生的个性，并尊重和注意学生个性的健康发展。同时，学生在群体中的生活也有助于每个人从其他人的身上汲取闪光点，丰富自己的个性。

（4）学校教育主导作用的制约条件。既然人的身心发展是多种因素综合作用的结果，那么，学校教育的主导作用就不是绝对的，而是有条件的。从宏观上看，学校教育的发展规模、层次和水平要符合社会经济发展水平和社会经济的需要，要考虑生产力发展和政治经济对教育的要求。同时，进入学校教育的微观领域，学校教育要发挥它的育人作用，也必须考虑受教育者自身的状况、学校教育自身的条件、家庭和家长的影响以及社会发展状况等与之有关的若干因素和条件。

①学习者自身的主观能动性。人与动物不同，人是一个能动的个体，具有主观能动性。环境和教育对人的影响作用的大小与人的主观能动性有着直接的关系。人的主观能动性是人的一种内在需要和动力，是一种积极的学习动机和渴望。当学习者具备了积极的求教动机时，环境和教育的外因才能发挥相应的作用。学习者的学习积极性越高，教育的作用就越大。教育中的"教学相长"只有在教育者和学习者的积极性发生共鸣时才会产生。[1]学校教育主导作用的实现，最重要的条件是学生自身的积极活动。离开了学生自身的主观能动性，学校教育的作用就无从谈起。

②教育自身的状况。教育主导作用发挥的程度和能力的大小，与教育

---

〔1〕 参见苏义林：《学校教育对人的身心发展的主导作用及其条件探讨》，载《中国科教创新导刊》2010年第14期。

自身的条件也有很大的关系。这些条件包括教育的物质条件、教师的素质、管理水平以及相关的精神条件等。

第一，物质条件包括校园地理环境、校舍、教育设施设备、图书、教材、教学辅助资料、办公用品等只是教育的基础条件，要发挥这些物质资源的教育作用，还需要对这些物质资源进行时空上的规划和管理上的有效利用。

第二，教师的确能够在学生的成长和发展中起重要作用，这是其他非专业教育者难以比拟的。但教师作用的发挥取决于教师的知识结构、教育教学能力和智慧，更重要的是取决于教师的事业心、责任感和职业道德。

第三，教育管理水平也制约着教育作用的发挥。教育是一个复杂的系统工程，教育管理工作至少涉及九个基本要素：目标、机构、职位、人员、财物、时空、信息、文化、法规等，任何一个要素和要素之间的关系及其变化处理不好，都会给教育带来负面影响，直接制约教育作用的正常发挥。

③家庭环境的因素。家庭和学校在儿童教育过程中是天然的合作者，这种合作不仅表现在时间上的承接性，还表现为空间上的互补性。因此，任何学校教育都不能避免来自家庭的影响，家庭环境及其教育与学校教育的配合直接影响着学校的教育作用。影响教育的家庭因素很多，主要包括家庭经济条件、父母的文化水平以及家庭的人际氛围等。

④社会发展状况。教育是一种社会现象，是社会的有机组成部分，既不存在离开社会的教育，也不存在离开教育的社会。任何教育活动都是在一定社会所提供的条件和背景中进行的，无不刻上社会时代背景的印记。影响教育主导作用的社会条件主要包括社会生产力发展水平、社会政治经济制度、整体的社会环境、民族心态、文化传统、科学技术发展状况等。

⑤学校教育时空上的局限性。从时空上来看，学校教育只占学生生活的部分时间和空间，学生的身心发展主要是通过学生自身能动活动而实现的。学生的全部活动构成了学生的生活时空，而学校教育只是在学校这个有限的空间内组织、激发和利用了学生的部分活动。因此，学生在学校教

育中的活动，只是学生生活时空的部分而不是全部。学生在家庭、邻里、社区乃至其他生活时空中的活动并不属于学校生活。所以，仅仅从时空上来讲，学校教育只是塑造着人的素质的某些方面，或者影响着人的素质形成过程的某些环节，学校教育并不能培养出"整体人"，而只是培养着"局部人"。

第二节　教育与人的社会化

人在婴儿时，还是一个自然生物体，依靠后天的学习逐渐成为一个能有效参与社会生活的主体。个体从自然生物体到社会活动主体的变化，就是通过个体社会化过程来实现的。个体的社会化是个体学习其所在社会的生活方式、行为习惯和各种思想观念，将社会所期望的价值观、行为规范内化，获得社会生活必需的知识、技能和行为要求，以适应社会需要的过程。人在社会中，不可能孤立存在，社会化是其生存和参与正常社会生活的必要途径。"狼孩""熊孩"和在被隔离情况下长大的孩子一样，因为脱离人的生活环境，尽管有健全的躯体，却不能有人的思维、意识和行为方式，这充分说明了社会化是人之所以为人的根本。对人类社会而言，社会化使社会能够在社会学和生物学意义上进行繁衍，从而确保人类社会世代延续下去。社会化的过程是一个持续终生的过程，从婴儿期到老年期，它不断地调整个体的观念和行为，以适应社会生活变化的要求。

大致来说，社会化的内容包括以下四个方面：第一，学习生活技能，掌握个人成为社会成员所必需的社会生活技能和职业技能；第二，内化社会文化，接受和认同一定社会的文化价值观念与社会行为规范；第三，形成社会性的发展目标，正确认识个人与社会的关系，使个人追求的目标与社会要求相一致；第四，学会认同身份和在每一场合下自己所处的角色，自觉按照角色所规定的行为规范办事，这是个体社会化的最终体现。

影响个体社会化的因素包括家庭、学校、同伴群体、大众传媒、职业组织、社区等。不同的年龄阶段，社会化的主导因素不同。幼儿阶段以家庭为主，青少年阶段以学校为主，成年阶段以职业组织为主。学校是青少年的社会化的主要场所，它作为青少年教育的专门机构，有促进青少年的社会化的职责，教师的言行、学校课程的设置、教育活动的开展都必须以促进青少年社会化为职责，因此，教师的言行、学校课程的设置、教育活动的开展都必须以促进青少年的社会化为重要依据。

学校对青少年的社会化是通过有目的、有计划、有组织的教育完成的，这也为其社会化提供了保证。教育在人的社会化发展中起主导作用，主要包括以下三个方面。

一、教育促进个体思想意识的社会化

人的行为是一种有意识的行为，思想意识成为支配人行为的内在力量。意识虽然为个人所有，但它不是个体思维的产物，而是社会的产物，个体意识必须反映并符合社会的规范和要求。所以，个体的思想意识本质上是社会价值规范在个体头脑中的反映。

教育代表一定社会的要求，传播社会中的主流文化和价值观念，受这种文化和价值观念的影响，学生就容易形成与主流社会文化和价值观要求一致的思想意识，从而认可并自觉维持现存的社会关系。而且由于教育所传播的文化价值观念的系统性和深刻性，以及教育活动组织的计划性和严密性、教育形式的活泼性和多样性，学生接受这种价值观念就容易许多，并能够形成完整的思想观念体系。教育促进了个体思想意识的社会化，这尤其表现为促进个体的政治化。

二、教育促进个体行为的社会化

人的行为要符合所属群体或社会的要求，这个要求就是社会规范。教育通过对社会规范的传递，使人们认识社会规范的意义和内容，认识到应该做什么，不应该做什么，从而规范人的行为，防止个体行为偏离社会的轨道。在日常生活中，教育还具有指导生活的功能。它授予人在社会生活中必需的知识技能，包括自觉处理人际关系的技能，帮助人们学会协调理想和现实之间的冲突，使人们学会生活、适应社会，能够过集体社会生活。

三、教育培养个体的职业意识和角色

职业是社会化的集中体现。人生活在社会中，要以一定的职业为生，这就决定了为就业和生活作准备的教育，必须能够促进个体的职业化。对职业技术教育、高等教育和成人教育而言，培养人的职业角色意识、知识和技能是其核心要求。教育要指导学生根据自己的兴趣、爱好和能力，结合国家的需要，确定自己的理想，并帮助学生实现自己的职业理想。

第三节　教育与人的个性化

人的个性化与人的社会化是相互联系的，而非各自独立。个性是个体在社会实践活动中形成的独特性。心理学认为个性具有一定的意识倾向性和鲜明的个体差异性。前者表现为个体的信念、理想等，后者表现为个体的能力、气质和性格。个性化是指个体在社会活动中形成独特性、自主性和创造性的过程，人的个性化的形成与发展依赖于教育的作用。教育具有促进人个性化的功能，教育的这种功能主要体现在它能够促进人的主体性的发展，促进人的个体特征的发展以及个体价值的实现。

一、教育促进人的主体性的发展

人的主体性是人面对客观世界的主观能动性，它表现为人的自主精神和主动性、积极性与创造性。人把自己视为自然界的主体，是指人不是被动、消极地听命于自然界，而是主动、积极地作用于自然界。人必须遵循客观世界规律而生存，人对客观世界的规律的认识与驾驭则是人的主体性表征。

教育对人的主体性的发展起着极为重要的促进作用。教育通过对人的

道德、智力、能力进行培养，从而提高人的自我认识，提高主体性。对于个体而言，教育的过程是一种不断提升自我的过程，是激发并弘扬人的主体性的过程。人通过接受教育形成道德观念，增进知识和能力，从而达到能动地适应并改变客观世界的目的。

人的主体性突出地表现为人的创造性。教育对于人的个性化功能也突出地表现在它能培养个体的创造性意识，激发个体的创造性精神，形成个体的创造性品格。发展教育就是要更好地为培养人的创造性服务。

二、教育促进人的个体特征的发展

人的个体特征指人身心发展的个体差异性。这里侧重指人的心理发展，如个人兴趣、爱好、智能结构、性格、气质等方面的特征。人的遗传素质中蕴含着个体差异，但人的个体差异的发展、个体特征的形成则更多受后天因素的影响，其中突出地受教育的作用。教育虽然按照社会的要求作用于个体的发展，但社会化本身也包含着对人的个体特征的充分发展的需求。教育应该是尊重个体差异的教育，教育应该帮助个体充分开发内在潜力并充分发展个体的特长。

教育促进人的个体特征的发展主要是通过不同的教育内容和教育形式来实现的。人在受教育的过程中会产生兴趣的分化，由此会造成个体在专业领域或技能领域的分化，人的个体特征也因此表现为专业或职业特征。人的个体特征除了表现在专业擅长、兴趣爱好方面之外，还表现在情感、性格、气质等方面，而人的这些方面特征的形成与后天教育的影响是分不开的。

三、教育促进人的个体价值的实现

人的个体生命价值是针对人对社会的奉献而言。每一个生命个体如何展现人生的价值，归根结底是通过个体在社会生活中发挥的作用及其作用的大小来衡量的。人应该成为对他人、对社会有益的人。人有益于他人、有益于社会，离不开个人的道德水准、智力和能力，一个人越有道德、越有知识、越有才能，便越能展现生命的价值并创造生命的辉煌。教育使人意识到生命的存在并努力追求生命的价值与意义，教育赋予人创造生命价值的信心与力量。所以，一个人个体价值的实现必须依靠教育的力量才可能达到。

四、教育的个体谋生和享用功能

教育的直接结果是促进个体的发展，但不是为了发展而发展。发展一是为了个人的生活，二是通过个体生活促成社会的发展。这里，我们论述教育对个体生活的两大功能：谋生和享用。

（一）教育的个体谋生功能

教育是通过知识经验的传授而促进人的发展的，促进人的发展虽然是教育的终极目的，但不是教育的唯一目的。教育在传授知识的同时，也使人获得了谋生的本领，现代教育更是如此。古代的生产相对简单，劳动者的素质要求越来越高。马克思讲道，要改变一般的人的本性，使他获得一定劳动部门的技能和技巧，成为发达的和专门的劳动力，就要有一定的教育或训练。因此，教育成为现代社会生产劳动力的必要条件。这就是说，在现代社会中，个体谋求某种社会职业必须以接受相关的教育和训练为前提，而且对教育程度的要求也越来越高。第一次工业革命要求劳动者具有小学文化程度；第二次工业革命要求劳动者具有初级中学文化程度；第三次工业革命要求劳动者具有高级中学文化程度并受过职业化训练；[1]现代的信息革命提出了高等教育大众化的要求，要求越来越多的人受过专门的高等教育训练，而且教育的层次也在不断提高。

教育的个体谋生功能，是指通过教育，使学生获得一定的职业知识和技能，为其谋生创造条件。在性质上，这不同于教育的个体发展功能。教育的个体发展功能，着眼于主体人自身素质发展的需要，促进人身心和谐完善地发展，是成"人"的教育。教育的个体谋生功能，着眼于社会生产

---

〔1〕 参见项贤明主编：《教育学原理》，高等教育出版社 2019 年版，第 127 页。

和职业生活对职业人的专门知识技能的要求，是成"才"的教育，是"人力"的教育。当然，教育的最终目的是成"人"，但成"才"是成"人"的必要环节，同时，成"人"必须通过成"才"表现出来。

教育的个体谋生功能，一方面可以通过个体社会化，将社会文化行为规范传递给新生一代，使他们获得未来社会生活或职业生活中相应的角色和意识，以便他们在进入社会生活时能尽快适应新环境。另一方面教育要传授"何以为生"的本领。英国教育家斯宾塞曾经将个人完满生活的准备作为教育的目的，认为为我们的生活做准备是教育应尽的职责，这在个人本位教育家看来，虽然具有功利主义的色彩，但它确是现阶段社会的需要。因为现代社会还没有达到生产力高度发达和对产品各取所需的程度，劳动既是人的需要，更是人谋生的手段。教育，尤其是建立在普通教育基础上的职业技术教育、高等教育、成人教育，就是要造就和培养具有谋生本领的劳动者和建设者，成为推动社会生活发展进步的人力资源。个体谋生的需要，要求教育必须教人"学会生存"，在当代，这不仅是学校教育的任务，还是终身教育体系的职责。

（二）教育的个体享用功能

教育的个体谋生功能指向外在社会的要求，个体把教育作为一种生存手段和工具。这只是教育功能的一方面，此外教育还具有个体享用功能。教育的个体享用功能，并非指为了达到外在目的而受教育，而是教育成为个体生活的需要，受教育过程是满足需要的过程，在满足需要的过程中，求知欲得到实现，获得高层次的精神享受，并进而获得自由和幸福。教育不仅使个体在受教育的当下获得一种幸福的体验，而且还培养人高尚的情趣和感受幸福的能力，为享用终身创造条件。

从广义的教育来讲，人的成长必须接受教育。因为人有双重生命，从父母那里遗传的生命只是做人的物质基础，人要成为人，还要经历"第二次生成"，并且必须讲求"为人之道"，在自觉做人中才能成为人。教育教人"成为人"，是满足人的生命需要的最基本形式。因此，受教育对人来说，是生命中的最基本需要。

对学校教育而言，受教育过程是一个通过促进个体发展不断追求自由的过程。现实中个体的活动要受到种种客观因素的制约，自由的活动不是否定或消除这些因素，而是在遵循这些客观规律的基础上，反映人的主观意志。所以，自由的活动是"外在的必然性"和"自我提出的目的"的统一。一个人受的教育越多，对外界必然性的认识就越深刻，就越能按照事物本身的规律体现自己的意志自由。教育通过知识的传授，教人"求真""向善""粹美"，促进人的知情意、德智体全面发展，从而造就一种自由人格，造就活动中的自由人。受过教育的人，是自由之人，也是幸福之人。幸福是完美人性的展示和表现，这种人性融智慧、情感、道德于一体，教育通过对学习者人格的提升和完善，使他们体验到精神上的幸福。

教育固然教人以知识，但获得的知识有外在和内在的不同价值。知识的外在价值在于转化为一种力量（知识就是力量）或一种生产力，成为谋生的手段；知识的内在价值在于促进人的身心和谐发展，培养人的幸福能力，造就完满的自由人格，使人成为自由之人、幸福之人。所以，人生的享用是个体完满和谐发展的必然结果，教育的享受功能是教育个体发展功能的必然延伸。

第三章

多维视角下的教育实践

第一节 教育目的

一、教育目的的含义

教育要解决其所面临的基本矛盾，促进人与社会的发展，达成教育与人和社会的历史统一，都必须通过培养人才能得以实现。而培养人从来都是一种有目的的社会活动，亦即教育者在培养人时，总是要遵循时代的要求，并以此开展教育活动，以及引导、规范和评价人的发展。

（一）教育目的的概念

作为人类的特殊实践活动，教育同样具有一定的目的性。教育目的是教育基本理论中的一个重要概念，指教育所要培养的人的质量和规格的总要求，主要探讨培养什么样的人或培养何种素质的人的问题。

教育目的有广义和狭义之分。广义的教育目的存在于一切教育活动之中，是指人们通过教育活动使学习者在身心诸方面达到的预期效果。此时教育目的可以存在于任何与教育活动有关系的人的头脑中，无论是教师、家长抑或是学生、社会人士等。狭义的教育目的主要是指学校教育目的，是国家对把学习者培养成为什么样的人才的总的要求。

（二）教育目的的结构层次

教育方针、教育目的、培养目标、课程目标、教学目标之间既有联系又有区别，不可混用和互相替代。

教育方针是国家根据政治、经济要求，为实现教育目的，提出教育工作发展的总体要求。教育方针的内容包括教育的性质（说明为谁培养人）、教育的目的（说明培养什么样的人）和实现教育目的的途径（说明怎样去培养人）。教育目的和教育方针之间的关系是教育方针包含教育目的[1]，教育目的是教育方针的重要组成部分，是其中"培养什么样的人"的问题的部分。

培养目标是指各级各类学校根据教育目的，对学习者身心发展提出的具体要求。培养目标建立在教育目的的基础之上，是教育目的的具体体现。教育目的的实现也需要培养目标来促成。

课程目标是课程本身要实现的具体目标和意图，它既是教育目的和培养目标在课程中的具体体现，又是教学目标确立的基础。

教学目标是更下位的概念，是对学习者学习活动的预期结果的规定，具体到每个知识点、每一堂课的任务和规定等，教学目标与教师的日常教学工作有密切的联系。

二、教育目的的特点

教育目的是人才培养的一种理想的质量规格，是教育工作所追求的最终统一的目标，具有很强的超现实的特性。同人类社会生活和活动目的一样，教育的目的也具有其独特价值和特点。

（一）对教育活动具有质的规定性

教育目的对教育活动的质的规定性，主要体现在：

一是对教育活动所具有的质的规定性，即规定教育"为谁（哪个社会、哪个阶级）培养人""为谁（哪个社会、哪个阶级）服务"。这种质的规定性在于明确教育进行人才培养的社会性质和根本方向，使其培养出与一定社会要求相一致的人。

二是对教育对象的质的规定性。主要体现在两方面：一方面规定了教

---

〔1〕 参见项贤明主编：《教育学原理》，高等教育出版社 2019 年版，第 121 页。

育对象培养的倾向，即要使教育对象成为哪个阶级、哪个社会的人，为哪个阶级、哪个社会服务；另一方面规定了培养对象应有的基本素质，即要使教育对象在哪些方面得到发展，应养成哪些方面的素质等。

由此可见，教育目的对教育活动所具有的质的规定性，说明教育目的作为培养人的总体要求，总是内在地决定着教育的社会性质和教育对象发展的素质，反映着一定社会发展的需要。

（二）社会性与时代性

教育是培养人的社会活动，受到社会及各个时代的制约。因此，在不同的国家、不同的社会文化背景下，教育目的各不相同。例如，教育目的规定了把学习者培养成为哪个阶级、哪个社会的人，为哪个阶级、哪个社会服务。即便是同一个国家、同一种社会文化背景，随着经济与社会的发展、时代与历史的变迁，教育目的也在不断演变。例如，19世纪以前，世界各国和地区普遍强调教育的"道德目的"，把培养人的德行视作教育的最高目的。后来由于科学技术和社会生产力的迅猛发展，人类知识总量的急剧扩张，智育的地位开始上升，"掌握知识""发展智力"开始成为世界各国和地区普遍追求的教育目的。

三、教育目的的功能

教育目的是教育工作的出发点和落脚点，是教育的核心所在，对教育任务的确立、教育制度的建立、教育内容的选择，以及全部教育活动过程的组织具有指导作用。教育目的的功能指教育目的对教育活动的作用。教育目的对教育活动具有以下方面的功能。

（一）定向功能

1. 对人才培养目标和学校教育的定向作用。任何层次或类别的教育活动在开展前和在进行中都必须依据教育目的去修订人才培养目标，对学校教育进行定向引导。

2. 对课程的设置和教学内容的定向作用。课程是学校教育实践的载体，教学内容是课程的具体体现。学校开设什么课程、讲授什么内容，这是直接由学校的培养目标决定，由教育目的间接决定的。

3. 对教师的教学行为的定向作用。教师要有效完成社会赋予他们的使命，承担人才培养的重任，需按照教育目的的要求开展教学活动，并采用合适的教学行为以期达到良好的教学效果。

4. 对学校管理的定向作用。学校管理为学校的教学活动服务，实质是为人才培养服务。学校科学管理要根据人才培养的需要做好相应的服务工作。

（二）调控功能

教育目的对整个教育活动具有调控功能。一切教育活动过程都是实现教育目的的过程，教育过程在教育目的的调节控制下，教育目的在教育过程中实现。

教育目的对教育活动的调控主要通过三种方式：一是通过确定价值的方式来调控，主要从价值取向上把握。教育的产生和发展既是社会的需要，也受社会制约，社会通过教育满足自身的发展需要。因此，教育无不体现了社会的价值取向。教育目的正是社会价值观念的载体，并以此为标准衡量教育价值的意义，从而间接调控教育活动。二是通过标准的方式进行调控。教育目的蕴含"培养什么样的人"的标准，这是实际教育活动的基本依据，教育者根据这样的标准调节和控制自身对教育内容或教学方式的选择等。三是通过目标的方式进行调控。一种教育目的的实现会使它自身衍生出系列短期、中期或长期的目标，正是这样一个个目标铺开了教育目的可以实现的行走路线，具体调节和控制教育的各种活动。

（三）评价功能

教育目的是一个国家人才培养的质量、规格和标准，同时也是衡量教育质量和教学效果的重要依据。教育目的的评价功能集中体现在现代教育评估或教育督导行为中：一是依据教育目的，评价学校的总体办学方向、办学思想、办学路线是否正确，是否清晰，是否符合社会的发展方向和需要；二是依据教育目的，评价教育质量是否达到了教育目的的要求，达到了教育目的规定的规格和标准；三是依据教育目的，评价学校的管理是否科学有效，是否符合教育目的的要求，是否遵循了教育规律和人的身心发展规律，是否促进了学生的健康发展和成长。

总之，教育目的对于教育活动的功能是多方面的。只有确立了科学的教育目的，教育活动才能顺利展开，教师的教育活动才能有方向。

四、教育目的制定的依据

教育目的是依据一定社会的政治、经济要求和学习者的身心发展特点，以及学习者的价值取向来确定的。从其提出主体来看，教育目的是由人制定的，体现着人的主观意志，但必须依据社会发展的客观需要和学习者身心发展的特点来制定。因此，不同的社会需要导致历史上不同的国家、不同的社会有不同的教育目的。

（一）社会依据

教育虽然是培养人的活动，但是其主要依据社会的要求进行教育实践活动。因此，教育侧重培养能更好地服务于社会的人。

1. 教育目的取决于一定社会的政治、经济要求

教育目的是统治阶级的人才利益和人才标准的集中体现，统治阶级的教育目的首先要符合统治阶级或政党的利益和需要。社会政治经济制度决定了教育目的。例如，我国奴隶社会向封建社会过渡时期，当时的教育是实施"仁政"和"德治"的工具。《孟子》中提道，设为庠序学校以教之……皆所以明人伦也。人伦明于上，小民亲于下。采用"明人伦"的教育目的，使学习者修己以治人，维护封建统治阶级的利益。因而，教育目的的确立取决于一定社会的政治、经济要求，具有鲜明的阶级性。

2. 教育目的受制于社会生产力、科学技术和文化的发展水平

不同社会、不同时代的生产力和科学技术发展水平不同。生产力和科学技术的发展水平的不同导致了对人才的规格、类型、标准和需要的不同，因此教育目的也不同。古代社会生产力和科学技术发展水平很低，教育的目的主要是培养为统治阶级服务的政治统治人才。资本主义社会生产力和科学技术迅速发展，科学技术在社会化大生产中的广泛应用，对劳动

者受教育程度的要求越来越高。资本主义社会的教育目的就不仅仅是培养为统治阶级服务的人才，还包括培养合格的劳动力。

（二）人的依据

从教育的基本规律来说，一个国家教育目的的制定一要符合社会发展的需要，二要符合个体身心发展的特点与规律。教育目的的制定应该是上述两种需要的有机统一。

1. 教育目的受制于人的身心发展规律

人的身心发展具有一定的顺序性、阶段性、不平衡性、稳定性、可变性、个体差异性、整体性。因此，教育目的的制定要符合学习者的身心发展情况，不仅要考虑其生理和心理的发展状况，还要考虑社会的规定性，应根据个体不同阶段的身心发展需要，制定与之相符的教育目的。

2. 教育目的受制于人的价值取向

教育的价值取向指教育目的的提出者或从事教育活动的主体依据自身的需要对教育价值做出选择时所持的一种倾向。关于教育目的的价值取向，教育史上曾有不同的观点与主张，其中争论最多、影响最大、最具根本性的问题，主要是个人发展与社会发展关系的问题，即个人本位论与社会本位论两大不同的价值取向。个人本位论主要提出教育目的应当从学习者的本性出发；社会本位论主要提出教育目的要根据社会需要来确定，个人只是教育加工的原料，个人的发展必须服从于社会。

五、教育目的的理论基础

（一）个人本位论

这种观点曾在 18 世纪和 19 世纪上半叶盛行于西方资本主义世界，其主要代表人物有法国哲学家卢梭、瑞士教育家裴斯泰洛奇和德国教育家福禄贝尔。19 世纪末 20 世纪初，有"进步教育之父"之称的美国教育家帕克也属个人本位论者。在当代，人本主义者如马斯洛、罗杰斯等人也被看作是个人本位论者。

个人本位论的基本主张：①教育目的应根据人的本性需要来确定。个人本位论者主张教育目的应从人的本性、本能的需要出发，而不是从社会需要出发，人生来就有健全的本能，教育的职能就在于使这种本能不受影响地得到发展。②教育目的在于把学习者培养成人，充分发展人的本性，增进人的价值。教育目的在于使人的本性得到最完善的发展，除此之外，教育没有其他目的。这也说明教育目的不是根据社会的需要而制定的。③个人价值高于社会价值，社会只在有助于个人的发展时才有价值。④评价教育的价值应以其对个人发展所起的作用来衡量。把人的自身的需要作为制定教育目的的依据，在一定的历史条件下具有进步意义。

个人本位论肯定人的价值，能够遵循人的身心发展规律进行教育，具有积极的作用。其不足在于忽视了社会的需要以及社会的发展，仅以个体发展需要作为教育目的的依据是错误的，割裂了个体和社会之间的关系。

（二）社会本位论

这种观点主要兴起于 19 世纪下半叶，其主要代表人物是法国社会学家孔德和涂尔干、德国教育家凯兴斯泰纳。

社会本位论的基本主张：①教育的目的应当根据社会需要来制定，人的发展植根于社会，个人的发展必须服从于社会。社会本位论者认为，个人只是教育加工的原料，个人的发展必须服从于社会。孔德认为，真正的个人是不存在的，只有人类才存在，因为不管从哪方面看，我们个人的一切发展，都有赖于社会。②教育目的就是要把学习者培养成为符合社会准则的公民，使学习者社会化，保证社会生活的稳定与延续。③社会价值高于个人价值，个人的存在与发展从属于社会。④评价教育的价值应当以其对社会发展所起的作用来衡量。社会本位论者认为，教育的结果只能以其社会的功能来衡量，离开了社会，就无法对教育的结果做出衡量，为达到某种结果而提出的教育目的必然成为一种没有意义的东西。

社会本位论是从国家和社会的发展角度来衡量教育成果，充分利用国家和社会资源发展教育事业，重视教育目的的社会制约性。其缺点在于忽视了个人的发展需要，无视个体的主观能动性，否定人的价值，扭曲了社会需要和个人发展之间的辩证关系。

（三）教育无目的论

教育无目的论是 20 世纪初由美国实用主义教育家杜威提出的。其在《民主主义与教育》一书中指出，教育即生长、即生活、即经验的持续不断的改造。他主张"教育即生活"的无目的教育理论。

杜威认为教育过程，在它自身以外没有目的；它就是自己的目的，教育目的不存在于教育过程以外，教育目的只存在于教育过程以内。杜威还认为教育就是社会生活本身，是个人经验的不断扩大积累，教育过程就是教育目的。真正有效的教育目的必须内化于教育，通过教育过程去实现。

杜威指出良好的教育的目的应该具备的几个特征：第一是客观性，所确定的教育目的必须是现有情况的产物；第二是灵活性，教育目的必须能够随环境条件的改变而随时调整；第三是非完成性，即良好的教育目的必须确保活动的自由开展。[1]杜威认为，教育的外部目的是固定的、呆板的，不能保证活动的继续进行，因而绝非他所赞同的教育目的。

总之，杜威的"教育无目的论"并非指教育过程中不存在任何目标，而是他用来反对教育的外部目的，借以提倡教育的内在目的的代名词。他对"教育目的"有关理论的阐释，虽然能为我们提供一定程度的理论和实践指导，展现一个认识教育目的的新视角，但该理论论证的自相矛盾以及实践指导价值的缺乏，足以使我们对其理论的正确性和可行性产生怀疑。[2]

（四）马克思主义关于人的全面发展学说

马克思主义的教育目的论的基本思想是：①人的发展是与社会生产的发展相一致的。②旧式劳动分工造成人的片面发展，机器大工业生产要求人的全面发展，并为人的全面发展提供了物质基础。③实现人的全面发展的根本途径是教育与生产劳动相结合。

---

〔1〕 参见朱国辉、罗尧成：《杜威的"教育无目的论"评析——兼谈我国高等教育目的应处理好的几对关系》，载《吉林工学院学报（高教研究版）》2001 年第 4 期。

〔2〕 参见朱国辉、罗尧成：《杜威的"教育无目的论"评析——兼谈我国高等教育目的应处理好的几对关系》，载《吉林工学院学报（高教研究版）》2001 年第 4 期。

纵观马克思主义对人的全面发展含义的各种表述，可见人的全面发展具有丰富的内涵：①指人在物质生产生活中的劳动能力的全面发展。个人生产力的全面、普遍的发展指的是将个体发展成各方面都有能力的人，即通晓整个生产系统的人[1]。正如马克思所言，全面发展的个人，也就是用能够适应极其不同的劳动需求并且在交替变换的职能中，使自己先天的和后天的各种能力得到自由发展的个人。这种劳动能力的全面发展既表现为人的体力和智力的全面发展，又表现为人的才能和志趣的全面发展。②指人的才能的全面发展。正如马克思、恩格斯所说，每一个人都无可争辩地有权全面发展自己的才能[2]任何人的职责、使命、任务就是全面地发展自己的一切能力[3]。③指人自身的全面发展。它意味着人以一种全面的方式，也就是说，作为一个完整的人，占有自己的全面的本质[4]均匀地发展全部的特性。④指人的自由发展。包括全部才能的自由发展、各种能力得到自由发展、个人独创的和自由的发展、个性比较高度的发展等。

马克思主义关于人的全面发展学说确立了科学的人的发展观，揭示了人的全面发展的历史必然性，对我国的教育目的的确立具有重要的理论指导意义。

第一，为我们科学地认识人的全面发展提出了新的方法论指导。马克思主义的产生为考察和说明人的发展提供了新的科学的方法论。它要求在规定人的发展的时候，不能停留在思辨领域内，不能停留在抽象的人之上，不能脱离具体的历史条件，而必须从人们现有的社会联系，从那些使人们成为现在这种样子的周围生活条件来观察人们。用这种科学的人的发展观作指导，有助于我们深刻理解人的发展的社会必要性和社会制约性，在确立和实现教育目的中把人的发展和社会的发展结合起来。

---

〔1〕　参见《马克思恩格斯全集第46卷》（下卷），人民出版社1979年版。

〔2〕　参见《马克思恩格斯全集第2卷》，人民出版社1956年版。

〔3〕　参见《马克思恩格斯全集第3卷》，人民出版社1960年版。

〔4〕　参见《马克思恩格斯全集第42卷》，人民出版社1979年版。

第二，马克思主义指出人的全面发展的历史必然性，为社会主义人才培养指明了方向。马克思主义全面发展学说从社会生产的发展，特别是社会大工业生产发展对人的影响中，看到了承认劳动的变换，从而承认工人尽可能多方面的发展是社会生产的普遍规律，[1]揭示了人的全面发展的历史必然性，有助于我国社会主义教育在人才培养中坚持全面发展的方向，培养人的素质，更好地推动我国的现代化建设。

马克思主义在科学地考察人类发展史的基础上提出教育是实现人的全面发展的重要途径，认为全面发展的人不仅是智力和体力潜能获得充分、和谐、自由发展的人，而且是精神、道德、情感等各方面和谐发展的人。马克思主义关于人的全面发展学说指出教育的目的应该把个人发展需要与社会需要辩证地统一起来，既要依据社会需要，又要依据个人发展的需要。这是我国的教育目的的理论基础，对我国教育目的具有重要的指导作用。

第二节 教育制度

一、教育制度的概述

我国的教育制度由学校教育制度、义务教育制度、职业教育制度、学位制度和民办教育制度构成。教育制度是教育系统的骨架，它支撑着特定国家和地区的整体教育体系。教育制度是制衡一个国家或地区教育发展的重要因素。教育制度创新是一个国家或地区教育改革的关键环节。学校教育制度是一个国家或地区各种教育制度的主体。现代社会，一个国家或地区要有效地发展教育事业，培养所需要的各种人才，就必须设立相应的教育机构，建立足够充分发挥所有教育机构整体功能的教育制度。

---

〔1〕 参见《马克思恩格斯选集第 3 卷》，人民出版社 1972 年版。

（一）教育制度的概念

1. 教育制度

汉语中，"制度"一词有两种含义：一是要求成员共同遵守的、按一定规程办事的规则，如工作制度、学习制度等；二是在一定条件下形成的政治、经济、文化等的体系，如资本主义制度、社会主义制度等。英语中，表示"制度"的词有两个：一个是"system"，另一个是"institution"。"System"有"系统""体系""制度""体制"等含义；"institution"有"机构""惯例制度""社会事业机构"等含义。

教育制度是指一个国家或地区各级各类教育机构与组织的体系及其管理规则。教育制度包括相互联系的两个基本方面：一是各级各类教育机构与组织；二是教育机构与组织体系赖以存在和运行的规则，如各种相关的教育法律、规则、条例等。[1]

2. 教育制度的特点

教育制度既有与其他类型的社会制度相似的特点，又有自身的独特性，主要反映在以下四个方面：

（1）客观性

教育制度作为一种制度化的东西，不是从来就有的，而是在一定时代中的人们根据自己的需要制定的。教育制度的制定虽然反映了人们的一些主观愿望和特殊的价值需求，但是，人们不可以随心所欲地制定或废止教育制度。某种教育制度的制定或废止，都有它的客观基础，是有规律可循的，这个客观基础和规律性主要是由社会生产力发展水平决定的。

（2）取向性

任何教育制度都是其制定者根据自己的需要制定的，有一定的取向性。任何教育制度的变革都可以说是重新对教育进行取向选择的结果。在阶级社会中，教育制度的取向性主要表现为阶级性，即教育制度总是体现着某一阶级的价值取向，总是为某一阶级的利益服务。

---

〔1〕 参见王道俊、郭文安主编：《教育学》，人民教育出版社 2016 年版，第 103 页。

（3）历史性

教育制度既是对客观现实的反映，又是一种取向的选择和体现，而客观性和取向性的具体内容又是随着社会的变化而变化的。因此在不同的社会历史时期和不同的文化背景下，就会有不同的教育制度，就需要建立不同的教育制度。教育制度是随着时代和文化背景的变化而不断创新的。

（4）强制性

教育制度作为教育系统活动的规范是面向整个教育系统的。从某种意义上说，它独立于个体之外，对个体的行为具有一定的强制作用。只要是制度，在没有被废除之前，都不管个人的好恶，要求个体无条件地遵守，违反教育制度就要受到不同形式的惩罚。例如考试制度规定，任何学生和教师都不能舞弊，否则就要给予适当的处分，以规范考试秩序。

（二）制约教育制度的因素

教育制度是社会及教育活动发展到一定阶段的产物，与社会政治、经济、文化并存于社会结构中。教育制度受人的身心发展规律的制约，人的身心发展规律主要制约着教育制度的纵向学段的划分，除此之外，政治、经济、文化等其他社会因素都对教育制度具有制约作用。

1. 政治

教育在阶级社会里具有鲜明的阶级性。掌握政权的统治阶级势必要培养为其服务的人，谁能接受教育，接受何种类型的教育，接受教育的年限、方式等也都由其决定。而人的培养必须借助教育制度加以保障和实现，因而，政治对教育制度的影响就是显而易见的。例如，在古代社会，古代教育制度具有明显的阶级性和等级性，只有一部分有特权（出身等级、军功或宗教信仰）的人才能够享受学校教育，其余的人只能在社会生活中获得粗浅的师徒式的教育或生活教育。在现代社会里，义务教育虽然逐渐普及，但是家庭财产和文化背景对受教育权仍然起着重要的作用，目前教育公平仍未实现，教育公平已成为政治关注的一个重点问题。

2. 经济

经济的发展为教育制度提供了一定的物质基础和相应的客观需要。例如，在古代社会，学校教育的主要功能是培养统治者或为统治阶级服务的人，是为上层建筑服务的，学校学习的内容多是伦理、宗教等，生产知识和技能不需要在学校中学习。这一方面是因为统治阶级脱离生产劳动，轻视生产劳动，另一方面，也是与当时社会生产力低下、经济发展水平总体不高有关，当时完全不需要通过专门的机构教授知识和技能。只有当社会生产发展到一定程度，即与之相关的知识和技能再也不能依靠经验获得的时候，才能逐渐把生产的知识和技能纳入教育体系中，才会出现一些专门性质的工业、农业、商业等学校。随着现代生产的发展对劳动者的素质要求越来越高，普及义务教育的年限也就越来越长，不少国家已经达到了12年，普及高中教育在一些发达国家已经成为现实，高等教育大众化的时代已经到来。当前，人类社会正进入一个知识经济时代。这个时代出现的许多新型高科技产业必将对教育的种类、科类以及人才培养的目标产生深刻的影响，从而影响教育制度的发展和变革。

3. 文化

教育活动既是在一定的文化背景下进行的，又承担着一定的文化功能，如文化选择、文化传承、文化整合与文化创造等。不同的文化类型必然会影响教育的类型和教育制度。例如，同为资本主义国家，法国在教育行政上实施集权制，而美国在教育行政上实施分权制；同样是实施分权制，美国的分权制又与英国的分权制不同，各自有自己的传统和特色。这些都是由于文化的不同而引起的。在文化因素中，科学技术对教育制度的影响非常明显，而且其影响力还在逐渐增大。同时，人文精神对教育制度的影响也日益增强，将受教育权视为基本人权，要求尽可能实现教育公平。

4. 学生的身心发展规律

教育制度的建立，需要考虑学生个体的身心发展规律，考虑学生的体力和智力的具体发展水平和发展阶段，关注学生的生活世界，切入学生的生活经验。制定学制、确定入学年龄、修业年限、各级各类学校的分段与衔接，规定升级升学制度中的某些弹性限度等，这些都要考虑到学生身心发展的要求。

（三）教育制度的历史发展

由于教育制度受到各种社会因素的制约，所以它必然会随着社会的发展变化而变化，在不同的社会历史发展阶段表现出不同的发展状况。

1. 古代教育制度

原始社会还处于混沌未分化状态，教育还没有从社会生产和社会生活中分离出来，还没有出现学校，因此，当时就不可能出现教育制度。

到了古代阶级社会，由于社会的分化，教育从社会生产和社会生活中第一次分离出来，产生了古代学校，至少到西周时我国已经形成了古代学校系统，产生了古代学制的雏形。在 2000 多年前的封建社会里，历代都设有官学，也大都允许私学的存在，后又产生了亦官亦私的书院。在古代，学校是和选拔统治人才的选士制度与科举制度直接相关的，后来逐渐变成了科举制度的预备学校。于是形成了以科举制度为中心的包括官学、私学和书院在内的古代学制。古代社会学校类型很少，学段层次简单，只有蒙学和大学，学生也没有严格的年龄限制，古代社会教育制度相对简单。

2. 现代社会学校教育制度

现代学校是人类进入现代社会之后的产物，它是社会进一步大分化，更是教育从社会生产和社会生活中第二次分离的结果。现代学校不但培养政治统治人才和管理人才，更重要的是它还培养了大量科学技术人才、文化教育人才、经济管理人才和众多有文化的生产工作者。这就决定了现代学校教育内容的科学性及其与生产劳动密切联系的性质，决定了学校规模上的群众性和普及性，决定了学校结构上的多种类型和多种层次的特点，从而决定了现代教育制度的系统性和完善性。

随着社会生产力的发展、政治、文化等的需求，当代教育制度也在不断变化发展。教育制度更加完善，形成了包括幼儿教育、校外儿童教育、成人教育机构与组织系统组成的庞大的教育体系。教育制度的发展趋势是终身教育制度。1965 年，联合国教科文组织终身教育局局长保罗·朗格朗提出终身教育的理念，终身教育是人一生各阶段当中所受各种教育的总和，是人所受不同类型教育的综合。1973 年，法国"巴黎全国讨论会"指出，终身教育是从幼儿期到死亡的不间断的学校及校外教育，不存在青少年、成年人之间的区别，与培养人格和职业生活的训练相结合。这两种解释正是从纵向和横向两个不同维度对终身教育的认识，朗格朗从纵向上进行说明，指出终身教育应体现在人一生中的不同阶段。国际 21 世纪教育委员会在其向联合国教科文组织提交的《教育——财富蕴藏其中》报告中，对终身教育这个概念的内涵做了进一步的解释。对终身教育的理解不能只停留在个人为适应职业而进行的学习，因为人不仅仅是经济发展的工具。人除了工作需要之外，终身教育还应包括铸造人格、发展个性、提高能力等，使每个人才能都能被看到。

二、现代学校教育制度

（一）学校教育制度的概念

学校的教育制度简称为学制，指一个国家或地区各级各类学校的系统，它规定各级各类学校的性质、任务、学生入学条件、修业年限以及它们之间的关系。

各级学校，指按教育程度划分的学前教育、初等教育、中等教育、高等教育等机构。各类学校，按教育类型划分，有普通教育、职业教育、高等教育、成人教育、特殊教育等机构；按学校组织形式划分，有全日制、半日制、业余教育等机构；按教育手段划分，有面授、函授、广播电视等教育机构；按教育的年龄对象划分，有学龄期教育、成人教育等教育机构；按主办单位划分，有国家办、地方办、企事业办和私人办等教育机构。

（二）现代学校教育制度的形成

教育制度的核心组成部分是现代学校教育制度，它是教育制度的主体。从某种意义上讲，学制的完善程度代表着一个国家或地区整个教育事业的发展水平，因此，当今世界各国和地区大多将学制的改革与完善作为整个教育事业的核心。不同历史时期和不同国家和地区有着不同的学校教育制度。现代学校是现代学校教育制度的形成的前提基础和条件。现代学校发源于文艺复兴前后的欧洲，是随着资本主义的产生和发展而产生和发展起来的。现代学校的产生分为两条线索，一条线索是自上而下发展的：如中世纪大学和古典文科中学，它们是在发展过程中逐渐转化为现代学校的；一条线索是自下而上发展的：由小学到初中（及职业学校），再到高中（及职业学校）。

1. 大学和高等学校

在欧洲，随着商业、手工业和城市的发展，于12世纪时就产生了中世纪的大学。中世纪大学最早产生于意大利、法国和英国。到14世纪时，欧洲已有几十所大学。这些大学一般设文科、神学科、法学科和医学科。[1]

在中世纪大学的四科中，文科教授"七艺"，属普通教育性质，起着后来的普通中学的作用，是大学的预科。在当时大学的四科，入学年龄和修业都没有严格的规定。在文科学习三四年，学完文法、修辞学和辩证法"三艺"之后，就可当助教了，这就是学士。学完文科"七艺"之后，获得在文科任教许可证的，就是硕士。文科修业期满，就有权进入大学的其他三科的某一科学习，毕业合格并获得任教许可证的，就是博士。[2]

现代大学和现代高等学校是经过两条途径发展起来的：一条是通过发展人文学科和自然学科把这些中世纪大学逐步改造成为现代的大学，如牛津大学、剑桥大学和巴黎大学；一条是创办新的大学和新的高等学校，如伦敦大学、柏林洪堡大学、巴黎高等师范学院。现代大学和现代高等学校是在18世纪~20世纪随着市场经济、现代生产和现代科技的发展而完善起来的。[3]

2. 中学

欧洲文艺复兴前后，曾出现了以学习"七艺"和拉丁文或希腊文为主要内容的一类学校，在英国叫文法中学或公学，在德国和法国叫文科中

---

[1] 参见王道俊、郭文安主编：《教育学》，人民教育出版社2016年版，第107页。
[2] 参见王道俊、郭文安主编：《教育学》，人民教育出版社2016年版，第107页。
[3] 参见王道俊、郭文安主编：《教育学》，人民教育出版社2016年版，第107页。

学。这些学校的教学内容、毕业生的规格要求也与中世纪大学的文科基本相同，都是为大学培养预备生和为教会、国家培养僧侣、官吏的，因此我们把它们统称为古典文科中学。这类学校与中世纪大学的文科的联系是十分明显的，有的就是从中世纪大学的文科演变而来的。

在18世纪初，商业和手工业的发展提出了对管理人才和技术人才的需求，于是在欧洲出现了一类以实用学科和现代外语为主要课程的实科中学。比起古典文科中学来，实科中学更适应生产和社会经济的需要，更贴近生活，具有更鲜明的现代中学的特点。实科中学的出现是中等教育发展史上的一个里程碑，它意味着中等学校在现代学校的方向上迈出了有决定性意义的一步。实科中学和具有浓厚的古代学校传统的古典文科中学，曾经历了200多年的长期斗争，其结果是实科中学的地位越来越稳固。在斗争中，二者都得到了改进和发展，但总的方向是二者都逐步变成愈加完善的现代中等学校。现代普通中学是随着市场经济和资本主义的产生和发展而产生和发展起来的。

3. 小学

早在文艺复兴以前，西欧就有了行会学校和基尔特学校，主要学习本族语的读写、计算和宗教，这是欧洲城市最早的初等学校。文艺复兴时期，教会又创办了许多小学，这些可称为小学的前身。在18世纪末到19世纪这100多年里，欧洲发生了以蒸汽机的发明和广泛使用为标志的第一次工业革命。这场革命要求劳动者必须具有初步的读、写、算能力和一定的自然与社会常识，从而推动了以劳动人民子女为主要对象的小学教育的广泛发展。到19世纪后半叶，英、德、法、美、日都先后通过了普及初等教育的义务教育法。在这个阶段，各个先进的资本主义国家都先后普及了初等教育。

4. 初级中学

从19世纪中期到20世纪中叶的近百年里，发生了以电气在工业上广泛应用为标志的第二次工业革命，它要求劳动者必须具有更高的文化科学基础知识，这一要求促进了义务教育的延长。在发达资本主义国家，义务教育先后延长至 8 年~9 年。延长的这部分教育统称初中教育，实施初中教育的学校一般叫初级中学。在欧洲各国，这类学校都只是小学的延伸，而且只延伸到初中，高中还是从古典文科中学演变而来的，劳动人民子女还不能接受这种教育。而在美国，群众性学校已开始延长至高中了。

5. 职业学校

适应电气化生产的劳动者不但应具有初中文化水平，而且应有一定的职业技术技能，而传统的学制已不能满足这种要求了，于是许多国家先后通过职业教育法令，在发展中等水平教育的同时，也大力发展这个阶段的职业教育。实行双轨学制的国家通过群众性小学—初级中学—职业学校的学制系统来适应培养有文化的劳动者的要求。美国除了举办中等职业学校外，更主要的是把普通中学办成综合中学，设立职业科，开设各种职业选修课，创造了通过单轨学制培养有文化的劳动者的办法。苏联也建立起了完善的初中程度和高中程度的职业学校，形成了初等教育或初中教育后的职业教育系统，形成了苏联的分支型学制。这是通过分支型学制解决培养有文化的劳动者的办法。

6. 高级中学

从 20 世纪中叶起开始了以原子能、电子计算机、空间技术和生物工程的发明和应用为标志的第三次工业革命。各种新技术在生产上的广泛应用引起了生产和劳动性质甚至整个社会生活的革命性变化，同时对劳动者的科学技术和知识素养提出了新的要求，每个生产者必须具有高中或高中以上的文化程度才能满足当前和今后日益发展的生产和社会生活的要求。因此，从 20 世纪中叶起，各发达国家和地区的教育都经历了一个进一步延长义务教育年限、提高教育水平、普及完全中等教育和高等教育大众化的时期。

7. 短期大学和大学

20 世纪中期以来，随着现代生产、现代科技的大发展以及教育的普及，高等教育也有了很大的发展。大学打破了长期以来的精英教育传统，开始向大众开放。同时在中学与大学之间开展出一个高等教育的广泛空间，如各种短期大学。

8. 幼儿教育机构

作为公共教育的现代幼儿教育机构最早出现于 18 世纪下半叶。19 世纪时，各资本主义国家和地区都出现了幼儿教育机构。20 世纪上半叶，随着二次工业技术革命的深入发展，在发达国家和地区，幼儿教育机构得到了较快的发展。第二次世界大战之后，各发达国家和地区的幼儿教育走向普及。同时，幼儿教育的性质也在发生变化，从以保育为主走向以教育为主。幼儿教育机构在不少国家和地区已被列入学制系统，成为国民教育体系的组成部分，并将成为终身教育的一个有机组成部分。

9. 研究生教育机构

由于现代生产和现代科技的发展，产生了对高级科技人才的需求。19 世纪初在德国首先产生了现代学位（哲学博士），并产生了现代研究生教育机构。到 20 世纪，研究生教育在许多国家都得到了广泛发展，成为学制系统的一个新的组成部分。20 世纪中叶以来，研究生教育得到了长足的发展。

10. 成人教育机构

在现代社会，一方面由于知识的创造周期和更新周期大大缩短，一个人从学校毕业以后如果不能不断地更新知识，就不能适应现代社会的需要。另一方面，由于生产率不断提高和社会文明的进步，以及个人的自由时间不断增多，为人的多方面的发展提供了更大的可能性。为此，成人教育在 20 世纪中期之后蓬勃地发展起来，并成为现代教育制度的一个重要构成部分。现代社会已经显示出学习社会的若干特征，未来社会将是教育社会、学习社会。现代学制正在向终身教育的方向发展，并将成为完善的终身教育制度。

三、现代学校教育制度的改革

现代学制在形成后的几百年中，不论是从纵向学校系统，还是横向学校阶段来分析，都发生了重大的变化。

（一）纵向方面——双轨学制向分支型学制和单轨学制方向发展

直到 20 世纪初，西欧仍是双轨学制，一轨仅有小学，另一轨则仅有中学和大学。后来随着义务教育的上延，教育机会均等原则的实施，双轨学制从小学开始向上与中等教育衔接。

20 世纪以前，初等教育是专为劳动人民子女设立的，而社会中上层人士的子女是在家庭中或在中学预备班里接受初等教育的。第一次世界大战后，通过劳动人民及其政党和进步人士的努力与争取，德国、法国、英国等国终于先后实行了统一的初等教育。

第二次世界大战后，西欧各国的普及教育逐步延长到了 10 年左右，已到了中学的第一阶段。过去，欧洲的中学是不分段的。现在，同是接受义务教育，有的在高学术水平的完全中学的第一阶段进行，有的则在新发展起来的低学术水平的初级中学里进行，机会很不均等。于是，英国、法国、德国等国采用了综合中学的形式把初中的两轨并在一起，其中英国发展得最快，20 世纪 80 年代初综合中学的学生人数已超过学生总数的 90%。这样，西欧双轨学制便变成分支型学制了，即小学、初中单轨，其后多轨。[1]

（二）横向方面——现代学制在每个教育阶段都有重大发展变化

1. 幼儿教育阶段

随着心理学、生理学、教育学对儿童智力发展问题研究的深入，各国和地区开始重视早期教育，因此幼儿教育发展较快。在当代，很多国家和地区已把幼儿教育列入学制系统，这是现代学制的一个重要发展，是现代学制向终身教育制度发展的重要标志之一。近年来，发达国家和地区幼儿教育有了迅速发展，有的国家和地区（如法国）已达到普及的水平，4 岁~5 岁儿童的入园率已近 100%。[2] 与此相关，幼儿教育机构也发生了重要变化：一是幼儿教育的结束期有提前的趋势，提前到了 5 岁或 6 岁；二是加强幼

---

〔1〕 参见王道俊、郭文安主编：《教育学》，人民教育出版社 2016 年版，第 111 页。

〔2〕 参见王道俊、郭文安主编：《教育学》，人民教育出版社 2016 年版，第 111 页。

小教育的衔接，有的把幼儿园的大班作为小学预备班（20 世纪 70、80 年代的苏联），有的从 5 岁起把幼儿学校和其后的小学结合起来编班（法国），有的把 5 岁~7 岁的幼儿学校当作义务教育的最初阶段（英国）。

2. 小学教育阶段

近几年，发达国家和地区的普及教育已达到初中和高中，小学早已不是结业教育，而成为普通文化科学基础教育的初级阶段。少年青春发育期的提前，对儿童和少年智力潜力的新认识，教学的科学水平的提高和小学教师水平的提高，这一切促使发达国家和地区小学教育的结构有了一系列变化：第一，小学无初、高级之分；第二，小学入学年龄提前到 6 岁甚至 5 岁；第三，学习年限缩短到 5 年（法国）、4 年（德国），甚至 3 年（20 世纪 70、80 年代的苏联）；第四，小学和初中直接衔接，取消了升学考试，例如英国的"11 岁考试"和法国的"6 年级入学考试"于 20 世纪 60、70 年代取消。

3. 初中教育阶段

很多国家逐步延长初中教育阶段。初中阶段已成为科学基础教育的重要阶段，初中的科学基础教育对以后的职业教育和进一步的科学教育有重要作用，因而导致了初中阶段教育结构出现了下列变化：一是初中学制延长；二是把初中阶段看作普通教育的中间阶段，中间学校即由此而来；三是不把它看作中学的初级阶段，而是把它和小学联结起来，统一进行文化科学基础知识教育，取消小学和初中之间的升学考试，加强初中结束时的结业考试，把整个阶段看作基础教育阶段，而后再进行分流，或进行进一步的文化科学知识教育，或进行职业教育。

4. 高中教育阶段

高中教育是现代学制发展到一定阶段的产物。西欧双轨学制的中学过去没有严格的初高中之分，美国单轨学制中最先有了高中，接着苏联分支型学制中也有了高中，最后是欧洲双轨学制的中学在变革中也分为两段，因而也有了高中。第二次世界大战之后，由于初中阶段教育的普及，双轨学制中学术性中学被分为两段，使前段和国民教育的初中合并以共同完成普及教育的任务，后段即变成了欧洲高中。从此，三种类型的学制都有了高中。三种类型学制的小学和初中，尽管学习年限有差别，但基本任务是完全一样的，都是进行文化科学基础教育，即变成了一种类型。所以，当代所谓三种类型的学制，事实上变成了高中阶段的三种类型。高中阶段学制的多类型，即高中阶段教育结构的多样化，乃现代学制在当代发展中的一个重要特点。

5. 职业教育阶段

当前，职业教育在发达国家和地区基本上都是在高中阶段进行的。职业教育既是古代学徒制教育向现代职业教育的发展，也是在现代生产要求下职业教育从普通教育中的分离。在现代社会里，由于职业训练的基础——科学技术的水平越来越高，因而对职业教育的科学文化基础的要求也越来越高。现代职业教育最初是在小学阶段进行，后来依次发展到在初中、高中和初级学院阶段进行。职业教育在哪个阶段进行，完全取决于现代生产所赖以存在的科学技术基础的状况。随着生产和科技的现代化，产业结构、就业结构不断变化，知识密集型、技术密集型的新兴产业不断出现，劳动者必须接受专门的职业技术教育才能适应生产的需要。因此，发达国家和地区的职业教育有向高中后转移的明显趋势。例如，美国高中职业科缩小而社区学院职业教育的比重却在增大；日本相当于短期大学的"专门学校"远远多于相当于高中程度的"专修学校"；苏联以相当于跨越高中及高中后的中等职业技术学校完全代替了相当于高中的普通职业技术学校。从总体上看，职业教育在当代有两个突出特征：一是文化科学技术基础要求越来越高；二是职业教育的层次、类型的多样化。

6. 高等教育阶段

19 世纪和 20 世纪初的高等学校是文化和科学的金字塔，那时的大学和生产技术的联系并不是十分密切，主要进行 3 年~4 年的本科教育，其他层次或没有，或比例甚小。其后，特别是第二次世界大战以后，高等教育有了重大发展，与生产及技术的联系日益密切。现代社会、现代生产和现代科学技术向高等学校提出各级各类高级人才的需求，于是推动了高等教育结构的变化，包括两个方面：一是多层次。过去主要有本科一个层次，而现在则有多个层次——大专、本科、硕士、博士。二是多类型。现代高等学校的院校、科系、专业类型繁多。高等学校与社会、生产、科学技术、社会生活各个方面的联系越来越密切。

第三节　教师与学生

一、教师职业的特点

（一）示范性

教师的示范性也就是我们平时所说的为人师表，是指教师在各方面都应成为学生和社会上一切人的表率。《荀子·儒效》中写道，四海之内若一家，通达之属莫不从服，夫之谓人师。《韩诗外传·卷五》中写道，智如泉源，行可以为表仪者，人师也。扬雄的《法言》中写道，师者，人之模范也。

示范性是教师道德的重要特征。教师的社会职责是育人，这是教师职业不同于其他职业的特点。育人，教师不仅用自己的学识教人，更重要的是用自己的品格教人。

学生身心发展不成熟、模仿性强，所以教师的一言一行都会对他们产生重大的影响。只有当教师的学识和品格被学生承认，形成一种威信的时候，教师才能对学生施加自己的影响。有威信的教师之所以能够对学生产生潜移默化、心悦诚服的教育作用，是因为学生逐渐从信服教师的人品到相信教师所讲授的道理。教师已经在学生的心目中树立一定的威信，教师的思想、品德、感情、意志、日常言行往往在不知不觉中被学生观察、琢磨和仿效。

为人师表的教师职业道德要求教师：

（1）言行一致。教师要严格要求自己，做到言行一致，表里如一。

（2）文明礼貌。教师要举止文雅，以礼待人，态度谦恭，彬彬有礼，在同事、朋友和师生之间要互相尊重、友爱和关怀。

（3）语言文明。教师的语言要准确、明白和生动，即发音正确，合乎语法，用词得当，精练简洁，通俗易懂，风趣和富有启发性。教师说话要文雅、不说粗话和脏话。

（4）仪表端庄。教师在衣着、动作和情态方面，要朴素大方、举止从容、讲究卫生、保持良好的仪态，要符合一定的审美要求。

（5）作风正派。教师要对事务持公正态度，不偏不倚，坚决反对以损害他人的手段来抬高自己。教师要遵守纪律，禁止举止轻浮放荡。

（二）创造性

教师的劳动必须遵循教育、教学的规律，从实际出发，依据具体情况因材施教。教师劳动的创造性表现在以下三个方面：

1. 劳动的对象千差万别、千变万化

人类社会中，不管是物质的还是精神的创造，都必须依靠个体的发展。教师劳动的对象是千差万别的学生，每个学生都有着自己的个性特征和发展倾向。每个学生认识水平的提升、行为习惯的形成、个体品德的发展等都有各自的变化过程。教师要根据不同学生的特点因材施教。教师一生所面对的劳动对象是不断更换的，有不同社会时期的烙印，教师的劳动必须体现时代特点，面对新的劳动对象要不断创新，而不是套用固定不变的规范、程式和方法。当教师面对特殊的劳动对象时，更需满腔热情、打破常规，以创造性的方式精心培育。

2. 教育内容和方法千差万别，千变万化

教育内容和方法因学生的年龄特点的不同而存在差异。教学方法又因学科、教材和教学条件的不同存在差异。不同年龄阶段、不同社会时代的学生生理和心理特点不同，教育内容、方法也随之不断更新。对于同一时代、同一年龄段的学生，也无统一教法可套用，教师要根据教育发展的新形势、新要求不断更新教育内容，并随之改变教学方法、手段和形式。创造性并不否认科学规律，不否认教育科学、心理科学的指导作用，但科学理论的运用，需要发挥教师的主观能动性，教育效果的取得，也需要充分发挥教师的创造性。

3. 教师个人条件千差万别，时时都在变化

现代科学技术的发展日新月异，新的科学门类不断增加，出现了类似航天、海洋、能源、环保、生态等综合性的科学，也出现了信息论、控制论、系统论等横向科学。教师个人条件千差万别，为适应未来的需要，教师必须不断更新知识结构，树立科学的教育思想，不断提高培养学生由识转智的教育技能技巧。因而教师必须活到老学到老，使自己的个人条件适应教育发展的需要，创造出自己独特的教学风格。

（三）长期性

教师劳动具有长期性特点，这是因为人才成长周期长。《管子·权修》曰，一年之计，莫如树谷；十年之计，莫如树木；终身之计，莫如树人。人才成长周期是由客观规律决定的，在未成年之前，人的成长呈螺旋上升型发展。教师劳动的个体效果和社会效果都是在长期中显示的，人才的数量、质量要经过相当长的时期才能看到结果。教师"劳动产品"的质量，固然在"制造"时可以鉴定，但更重要的是要经受社会实践的检验。

（四）复杂性

教师的劳动是一种特殊的劳动，具有复杂性。主要表现在以下几个方面：

1. 劳动的对象具有主客体双重性

教师劳动的对象既是"教"的客体，又是"学"的主体，并且是有一定思想、情感、能力、个性的人，会反作用于教师。在教学过程中，劳动的对象既要接受教师"传道、授业、解惑"，又要有主动性。

2. 教育的任务具有全面性、综合性

教师不仅传授知识，还要育人；既要言传，又要身教；既要培养学生从事生产劳动、改造自然的能力，又要使学生身心健康、全面发展；既要培养学生的道德观念，又要培养学生高尚的情操和文明习惯。

3. 影响劳动对象成长的因素是多方面的

影响劳动对象成长的因素既有遗传因素，又有后天环境和教育因素；既有学校的因素，又有社会家庭的因素。教师只有全面了解学生，才能因

材施教。教育的对象受家庭、学校、社会的影响，受年龄经历限制，这些都会使教育的效果不稳定。因而教师在精通业务的基础上，还必须懂得科学育人的理论，有行之有效的育人能力。

4. 劳动的对象具有个体差异性

教师在劳动过程中进行知识的积累、传递、转换的脑力劳动，不能用统一模式"加工"，也不能用同一工具"塑造"。教师所需的知识储备、所花费的时间和精力，是任何简单劳动都无法比拟的。

（五）学习性

教师的劳动还具有学习性的特点，主要表现在：

1. 教师需要与时俱进

未来的社会是一个学习化的社会，现代信息技术的发展、数字教育的推行向教师提出了终身学习的要求。教师职业的示范性、创造性也决定了教师职业是一个需要终身不断学习的职业。职前的学习只为从事该职业奠定了基本的条件，教师未来的职业道路能够走多远、登多高，教师未来能够对学生起多大的作用，还要依赖教师职后的不断学习。为了培养祖国的接班人，教师必须潜心问道、终身学习，不断提高个人的知识和修养，这是教师终其一生的坚守。

2. 学生在校的主要任务是学习

教师的劳动不仅要指向学生的学习活动，也要指向学生的学习品质，教师有责任敦促学生养成优秀的学习品质。

二、教师的职业角色

教师在教育教学过程中承担着多种角色。教师的职业角色是指教师在教育系统内的身份、地位、职责及相应的行为模式。

（一）教师是授业、解惑者

人类社会长期积累的优秀文化成果都有赖于教师的传递，教师经过精心的组织、设计，将知识、技能等内容以适应学生身心发展特点的方式传授给学生，既完成文化传递，又实现了答疑解惑，启发他们的智慧，使教育对象形成一定的知识结构和技能结构，成为对社会有用的建设者。

（二）教师是学习示范者

越是低龄学生越容易受到外界环境及他人的影响，教师作为学生的重要他人，决定了教师的言行举止、待人接物的方式和态度会对学生产生潜移默化的影响。教师是学生效仿的对象。

（三）教师是管理者

教师在课堂中不仅教书育人，也要组织课堂纪律，为学生提供便于学习的环境。作为班主任的教师更是管理者的角色，在班集体未建立之时，班主任需要带领学生确定目标、民主推选班级干部、维持班级纪律、组织各种活动，通过精心的组织有步骤、按程序地带领班级发展成具有凝聚力的班集体。

（四）教师是学生的朋友

在成长过程中，学生渴望朋友，愿意与朋友分享快乐、分担痛苦。教师可以而且理应成为学生的朋友，在学习的道路上引领他们，在情感的问题中宽慰他们，在矛盾的情绪中化解他们，与学生真诚相待，会换来学生的尊重和热爱。

（五）教师是研究者

教师工作的对象是充满生命力的、千差万别的、活生生的人，传授的内容是不断发展变化的人文、科学知识。这就决定了教师要以一种变化发展的态度来对待自己的工作对象、工作内容，要不断地学习、反思和创新。

（六）教师是终身学习者

我们正在建设一个学习型社会，而教师就是学习型社会的中流砥柱。教师需要学习的不仅是专业知识，更应该学习广博的自然科学、人文科学知识，掌握利于理解和教育学生的心理学、教育学知识，还有学会欣赏、鼓励，不断提升个人的品质。

三、教师专业发展

（一）教师专业发展的概念

教师专业发展是指教师在职业生涯中不断发现问题、研究问题，从而解决问题的过程，也是集教师的专业知识、专业技能、专业素养、专业情感于一体的培养过程，更是教师自我加压、自我发展、自我提升的过程。[1]换言之，教师个体的专业发展是教师作为专业人员，从专业思想到专业知识、专业能力、专业心理品质等方面，由不成熟到比较成熟的发展过程，即由一个专业新手发展成为专家型教师或教育家型教师的过程。

（二）教师专业发展的内容

1. 专业精神的发展

教师的专业精神与教师的专业理想同义，是指教师作为教育专业人员所具备的教育理念、乐业敬业及努力奉献的精神。教师实践活动中的每一个环节都充满"以人为乐"的价值承担，都需要遵循一定的原则。

教师的专业精神主要包括以下几个方面：

（1）对教育事业的忠诚、热爱和奉献

一个对教师职业三心二意的人不可能忠诚于教育事业，其专业精神也无从谈起。对教育事业忠诚的教师必定热爱教育事业，热爱学生，热爱自己的任教学科，以我所爱教我所爱，为了我爱甘于奉献。教师在对教育事业的忠诚、热爱和奉献中实现对国家、社会和人民的忠诚，实现其社会价值和自我价值的平衡。

（2）对专业理想永无止境的追求

专业理想是教师在感受和理解教育工作的基础上形成的关于教育本质、目的、价值、生活等方面的理想和信念。专业性的职业都要求从业人员对专业精益求精，不断追求专业的提升与发展。教育是一项没有最好、

---

[1] 参见谷小倩：《基层电大教师专业发展的学校责任》，载《湖北广播电视大学学报》2012年第11期。

只有更好的事业，教师永远不能满足于现状，要不断地挑战自我，追求自己的专业理想。在教师个体对专业理想的持续追求中，实现教师群体的专业发展。

（3）对专业道德规范与行为准则的自觉遵守

教师专业化发展需要不断强化教师职业的自我约束机制，为此需要建立规范的教师职业伦理和行为准则，教师的专业精神表现为接受和自觉遵守教师职业伦理与行为规范。

2. 专业知识的发展

专业知识是教师专业素养的重要组成部分，能体现教学作为一种专门职业的独特性与不可替代性，同时，其丰富程度和运作情况也决定了教师专业水准的高低。专业知识是教师在师范教育和教育实践中获得的，直接作用于教育过程的实用性知识。

教师的专业知识可以分为以下两类：

（1）学科专业知识

即关于"教育内容"的知识，就是人们通常说的教师应该知道教育教学中要"教什么"。

我国制定的适用于中学教师资格申请者的《教育学考试大纲》对教师的学科专业知识内容做出如下规定：精通所教学科的基础性知识和技能；了解与该学科相关的知识；了解学科的发展脉络；了解该学科领域的思维方式和方法论。

丰富而系统的学科专业知识使教师在复杂的教育教学情境中，能够关注学生的身心状况，随时对学生的学习进展做出反应。

（2）教育专业知识

即关于"教学方法"的知识，就是人们通常说的教师要掌握教育教学中要"怎样教"。

教育专业知识是教师必须具备的知识，是教师区别于非教师的主要特征。从具体内容上看，包括普通教育学、心理学、教育心理学、学科教育学和教材教法知识。教师只有从整体上把握学生身心发展的特点，如阶段性、顺序性、差异性等，了解学习是怎样发生的，了解自己所教学生所处年龄阶段的特点，才能将自己所掌握的学科知识用学生理解的方式传授给他们。可见，教育专业知识对学科专业知识的教授起到理论支撑的作用。

3. 专业能力的发展

教师专业能力是针对教师专业素养中的活动维度而言的，是教师组织教育活动，对学生有目的地施加影响的能力。教师专业能力通过教育活动来体现并在教育活动中发展，它是评价教师专业水平的核心因素。从教育活动实施情况的角度，可将教师的专业能力划分为以下五个方面：

（1）人际交往能力

学生是教师的主要交往对象，教师必须全面了解学生，包括学生的家庭背景、个性特点，并采取适合学生特点的方式与其进行交往，从而做到因材施教。

（2）语言表达能力

语言是教师的重要工具，是传播知识和影响学生的重要手段。教师的语言能力可以分为口头语言表达能力、书面语言表达能力和身体语言表达能力。

（3）教育教学组织与管理能力

主要包括班级管理能力、课堂教学的组织能力与管理能力、课外学习与管理能力等。教育教学组织与管理能力可以保障教育教学工作的顺利进行，是成功教育的基础。

（4）运用现代教育技术手段的能力

运用计算机、多媒体等现代化教学技术手段辅助教学，是现代教学的必然要求，教师应该熟练掌握现代教育技术。

（5）教育教学研究能力

教育的复杂性要求教师应以研究的态度来对待它。教师的研究过程是教师对学生、对自己、对教育教学实践和理论进行探索，发现问题，并试图解决问题的过程，是教师成为反思型实践者的过程，也是教师专业发展的过程。

4. 专业自我的发展

教师的专业自我就是教师在职业生活中创造并体现符合自己志趣、能力与个性的独特的教育教学生活方式以及个体自身在职业生活中形成的知识、观念、价值体系与教学风格的总和。[1]具体包括自我形象的正确认知、积极的自我体验、正确的职业动机、对职业状况的满意、对理想的职业生涯的清晰认识、对未来工作情境有较高的期望、具有个性的教育哲学与教学模式。教师的专业自我是教师职业生涯个性化的发展过程，教师的专业自我一旦形成，就会呈现出独特的工作态度和教育行为，从而呈现出不同的教学效果。

从以上对教师专业发展的内容的介绍可以看出，现代社会对教师的角色形象与素质的要求是很全面的。从角色上说，教师与其他社会个体一样，同时担当着多种角色，不同的角色又有不同的要求。在不同的场景中，教师必须调整自己的角色期望，还要协调不同角色带来的冲突和矛盾。成熟的教师一般都能够很好地按照此时此地的角色要求来要求自己。另外，教师的现代素质也显得尤为重要。比如，教师是否拥有健康的体魄和良好的心理素质、是否拥有创新的精神和能力、是否拥有教育研究的意识与能力、是否能够熟练运用现代教育技术、是否具备浓厚的法律法规意识等，这些都是现代教师必备的职业素质。可以说，在每一个实现专业化发展的教师的身上，都能看到这些素质自然而和谐地共存。

(三) 教师专业发展的特点

1. 自主性

教师专业发展应该是主动的，而不是被动的。任何事物的变化都是内因起决定性作用，教师的专业发展同样如此，仅靠外部力量的推动，是暂时的、短效的。教师在教学设计、教学活动时都要调动自身的主动精神，自主地、创造性地开展研究和活动，源源不断地为个人发展提供动力。

2. 方向性

一般而言，教师专业发展总是从不成熟走向成熟、从较低水平向较高

---

[1] 参见粟艾华：《关于教师成长的研究综述》，载《科教文汇（中旬刊）》2013年第5期。

水平前进。当然，教师的发展不是一帆风顺的，是呈螺旋上升的趋势，而且会出现发展的高原期。教师对此要十分清楚，要对发展前途充满信心，也要做好充分的心理准备，迎接发展道路上的困难和挑战。

3. 连续性和阶段性

教师的专业发展是从量变到质变、从新手到专家的过程，表现出连续性和阶段性的特点。理解这一特点，有助于教师对职业发展前景产生更清晰的认知，为个人专业发展的合理规划奠定基础。

4. 差异性

世界上没有两片完全相同的叶子。教师专业发展的差异性是指教师发展存在速度、水平、风格等方面的差异。教师专业发展的差异性不仅和教师面对的教育信念有关系，还和教师的个人素养有关。了解专业发展的差异性，有助于教师挑战自我，实现自我。

5. 情境性

教师的专业发展离不开具体的、真实的课堂教学情境。专业发展的动力来自课堂教学层出不穷的问题，专业发展主要是通过每堂课的教学、反思和评价实现的。教师专业发展的情境性要求教师参与更多的课堂教学活动。

(四) 教师专业发展的途径

1. 教师培训

教师培训一般有入职培训和在职培训两种。入职培训主要针对刚入职的新教师，对他们进行支持、监督、评价等。在职培训主要是为进一步提高教师素质和学历而进行的继续教育，形式多种多样，有短期、长期的，学历、非学历的；脱产、半脱产、非脱产的等。

2. 教师成为研究者

从杜威、皮亚杰等人早期的探索和提倡以及斯滕豪斯正式提出教师作为研究者的设想，到目前该设想已经成为一种重要的教师专业发展的方向。教师的研究能力是在实践的过程中形成和提高的，教师应从以下几个方面着手将自己培养成为研究者：

（1）树立问题意识，善于发现问题

教师可以通过不断反思自己的教育教学活动效果，以及整理自己的教学感受和困惑来发现问题；也可以从新的教学观念、教学思想以及自己的教学实践的对照中发现问题；还可以通过自己的做法与别人的经验比较来发现问题；甚至可以在与学生、家长的讨论中发现问题。

（2）教师要学习一定的教育科学理论和研究方法

教师可以通过多种途径来加以学习，例如可以参加相关的培训，可以通过关注有关教育的理论期刊来了解教育理论的前沿、教育实践的焦点，并掌握一定的研究知识。教师也可以访问或收藏比较有影响力的教育网站，加入一些研究团体等。这样，教师就可以与同行交流自己的思想。

（3）应提倡教师采用行动研究的方法进行教学研究

行动研究是一种研究活动，具有在行动中研究、对行动进行研究、为改进行动质量而研究的特点。在行动研究中，根据问题情境的复杂性等特点可以综合采用多种研究方法，如教育叙事研究法、教学案例研究法、教学课例研究法、教育实验法等。

3. 自我实践反思

所谓教师自我实践反思，是指教师在教育教学实践中，批判地考察自我的主体行为表现，通过回顾、诊断、自我监控等方式，或给予肯定、支持与强化，或给予否定、思索与修正，从而不断提高个人教学效能。[1]教师自我实践反思的主要特征就是"自我"、"实践"和"反思"。

（1）教师自我反思的内容

关于知识基础的反思。作为一名学科教师，"我"是否已经掌握了基本的学科基础知识？面对知识的日益更新，"我"的应对策略是什么？

关于教育理念的反思。"我"有什么样的学生观和学习观？"我"的教育理念是科学的吗？"我"对学生错误的回答的反馈是正确的吗？

对教学行为的反思。"我"的教学行为体现了什么样的教育理念？教

---

〔1〕 参见李娟：《新课程下的教师自我反思》，载《新课程：小学》2011年第8期。

学行为和先进教育理念之间的差距在哪里？为什么会有差距，要如何改进？

关于反思的反思。"我"有没有反思？"我"习惯于反思什么？"我"是怎么反思的？

当然，不同研究者对反思内容和方法有不同的看法，实际上这也和每个教师的独特性有关，因为每一个处于不同发展阶段的教师所面临的问题都是不同的，因此不应该强调反思内容和方法的统一性。

（2）教师自我反思的方法

布鲁巴奇等人在1994年提出了以下四种反思的方法，可供教师参考。[1]

反思日记。结束了一天的工作后，要求教师写下今天的教学经验，与其他教师一起分析。

详细描述。教师们观摩彼此的教学，尽可能详细地描述所看到的教学情境，彼此进行讨论。

交流讨论。不同学校的教师们聚在一起，指出课堂上出现的问题，集思广益提出问题解决的办法，最后与其他教师及学校共同分享。

行动研究。为探求课堂上遇到的问题的实质，教师和研究者探索出用以改进教学的行动方案，并用来进行调查和实验研究。行动研究不同于研究者由外部进行的旨在探索普遍法则的研究，而是直接着眼于教学实践的改进。

4. 构建教师实践共同体

实践共同体是指在一个群体中，所有成员共同关注一个问题，大家为解决同一个问题或为了同一个主题投入热情，在共同追求的领域中通过持续不断的相互作用来发展自己的知识和专长。实践共同体以解决实践性问题为导向，十分符合教师职业特点，能够有效解决教师在教育教学实践中存在的观念与行为相脱节的现象。教师们组成实践共同体，共同关注和解

---

〔1〕　参见苏峻：《新课程呼唤教师专业能力创新》，载《基础教育研究》2004年第11期。

决教育实践中的各种各样的教育问题，能够有效提高教师的教育研究能力，推动教师专业化发展水平。

针对教师实践共同体的管理策略主要有：

（1）聚焦对教育、学校和共同体成员（教师）来说都重要的主题；

（2）找一个备受尊敬的共同体成员以协调共同体；

（3）确保成员有时间和勇气来参与；

（4）建立组织的核心价值；

（5）使重要的思想领袖能够参与；

（6）为思想创建论坛；

（7）在共同体成员间维系个人关系；

（8）发展一个积极热情的核心小组。

教师实践共同体是一个理论和实践都还处于探索阶段的群体，缺乏成熟的运作机制，但随着"学习型"社会理念的提出，教师实践共同体将是教师专业发展的新方向。

四、学生的本质特征

（一）学生是具有主体性的人

所谓主体性，就是指学生在教学中的主观能动性。具体包括五个方面：①独立性。每个学生都是一个独立的物质实体，具有各自独立的意识。②选择性。学生对于所受到的教育影响并不是全盘接受，而是根据个人的愿望、能力进行选择。③调控性。学生可以有目的地调整、控制自己的学习生活。④创造性。学生可能超乎教师的想象，科学地提出不同的观点，根据自身的需要创造出新的学习方法。⑤自我意识性。即学生对自己的状态及在教育中的地位、作用、情感、态度、行为等的自我认知。

（二）学生是一个完整的人

学生是有着丰富个性的完整的人。学生既是自然实体，又是社会实体，教育所实现的是人身心的全面和谐发展。在教育活动中，学生不只参与知识的学习，而是伴随着喜怒哀乐、选择、追求、创造等个性心理特征，学习是一个综合过程，教师要关注学生的整个内心世界。

（三）学生是具有发展需要的人

遗传素质为学生的发展提供了物质前提和可能性，学生未来究竟发展成什么样子还取决于个体的需要。刚出生的人更多体现的是其自然的属性，是一个自然人，人需要通过在后天环境的影响下发展成能够融入社会的社会人。在个体由自然人发展成为社会人的过程中，社会环境对个人的客观要求与个体的发展水平之间的矛盾运动就是最根本的动力。这一矛盾运动需要通过个体的实践活动实现。个体在实践活动中不断感受客观现实，随之提升个人的发展水平，而客观现实也对个体提出新的要求，这些要求被个体接收，转变为个体的需要。为满足新的需要个体需要继续不断地与客观现实相互作用。因此，没有活动，没有与个体环境的相互作用，也就没有个体的发展。学生发展的需要是多方面的，包括生理和心理需要、认知和情感需要、道德和审美需要等方面。教育正是基于学生发展的多面性，才确定了全面发展的目标。

五、学生的身份

（一）学生的个人身份

家庭生活是学生成长的第一世界。学生从母体呱呱坠地降临人世起，就开始接受家庭"人之初"的教育，即使在进入学校接受制度化教育以后，学生每天仍然生活在家庭中。家长的教养方式和家庭的氛围对学生个人身份的养成起着至关重要的作用。众多家庭婚姻问题、过分重视和溺爱孩子，致使孩子承受期望的重压，容易产生心理负担沉重、任性而缺乏责任感、人生价值迷茫等问题，不利于他们个性的正常发展，给较多学生带来了个人身份认同危机。

总之，个人身份对个体成长的影响是久远的，具有决定性作用，它将在较大程度上影响个体其他身份的养成。

（二）学生的学校身份

法国社会学者杜拜及其合作者使用"学业经验"一词表述学生在"学

校世界"中"身份"的内在建构过程。[1]他们认为"学校世界"是由"整合"、"策略"和"主体化"等不同的行动逻辑组成的,学生个体基于自己已有的经验,按照不同的比重把这些行动逻辑结合在一起,来面对自己无法选择却又必须面对的某些"学校世界"规则。这意味着任何学生都能从其学业历程中获得某种归属感、角色感和秩序感。笔者认为这就是学生在特殊的"学校世界"中所养成的身份。

另外,从校园文化对学生发展的影响角度来看,学生在"学校世界"中所具有的身份又属于文化身份的范畴。文化身份是指主体与其群体其他成员所共享的东西,例如规则、规范和价值等。这个概念强调的是不同的、自主的群体之间的多元性,反映个体所拥有和要求的、与价值和符号有关的身份描述性特征,关注个体对文化群体的归属感,对其价值和规范的认同与加入。

具有不同社会文化和家庭背景的学生个体进入"学校世界"中,接受学校对自身的各种社会化教育,通过个人思想、学习、生活等方面的表现,学校、老师和同学会对此进行相应的评判,并因此将其归于某一类学生,获得一个被他人认可的属于自己的"身份",即被认为是什么样的学生。而这个身份认同可能与自己认可的学生身份一致或不一致,于是通过反复认同或冲突达成一种平衡,最终形成自己的学校身份。在此身份养成的过程中,学生有一种对自我的身份认同,即把自己归为什么样的人,并对自己有某种期许,这种期许将成为未来自我发展的内在动力。

随着城市化进程的快速发展,越来越多的进城务工人员将子女带到了城市,部分儿童初到城市的不适应,加之家长、同学等多种因素所致,部分流动儿童感到孤独、自卑、无助,逐渐产生了身份认同危机。这种身份认同危机需要引起学校、教师、家长的重视,要及时干预,有效沟通,否则可能会危及社会公平和安定,影响社会和谐与稳定。[2]

---

〔1〕 参见汪凌:《学业成败社会学归因的新视角:主体的凸现——从"决策者"模式到"学业经验"理论和"与知识的关系"理论》,载《全球教育展望》2006年第7期。
〔2〕 参见冯帮:《流动儿童的身份认同危机浅析》,载《人权》2011年第5期。

（三）学生的社会身份

学生的主要任务是学习，但这并不能丢失其公民的基本身份。学生除了在校完成学业外，同时参与着社会生活。相对于严肃与理性的学校生活，丰富多彩的校外生活更加能够自觉或不自觉地影响学生身份的养成。英国利兹大学传播学学者布朗等人认为除了家庭、学校影响学生社会化外，电视及其他大众传播媒介也应是影响儿童社会化的重要因素。类似于学校周边的饭馆、咖啡馆、网吧，以及各种影视文化等，都不能忽视其对学生的影响。学生参与社会文化生活可以拓宽知识面，扩大交往的空间和活动范围，锻炼自己适应社会生活的能力。随着知识经济和信息社会的来临，各种思想文化、社会思潮滚滚而来，人们的生存和生活方式发生了一场深刻的革命，社会成员的思想观念、价值观念、思维方式乃至整个精神世界也发生了显著的变化。作为这场变革中最敏感群体的学生尤其如此，学生时代正是人生观、世界观和价值观形成的关键时期。学校和社会应进一步净化校园及周边环境，抵制消极、腐朽思想文化的渗透和影响，抵制低俗文化趣味和非理性文化倾向，给学生创造一个健康、文明的文化环境和氛围，使他们免受不良文化的影响，为他们更好地成长提供帮助，确保良好社会身份的形成。

当下中国正处于从传统社会向现代契约型社会转型的过程中，学生作为社会成员中最具活力的群体，从法律意义上讲，其首先是中华人民共和国公民，应该在社会公共生活、家庭生活，特别是职业生活中表现出应有的道德尊严、道德品质、道德境界和社会道德价值。具有广泛适用性的社会公德就是社会责任，即每个公民对自己、对他人、对社会的责任。如果说一个人的基础道德修养是保证社会稳定的基石，那么责任心则是推动社会前进的精神支撑力。马克思和恩格斯在谈到一个人的责任时，就曾经指出，作为确定的人、现实的人，你就有规定、就有使命、就有任务。因此，对学生而言，加强责任教育、培育责任心，是保证他们顺利走上社会、实现人生价值的重要条件，是促进其健康成长、完善道德素养的内在驱动力。

在学校，许多学生更注重专业的学习和今后谋生技能的训练，而忽视基本的公民意识的提高，缺乏社会责任感，与应有的社会身份不相符。文化知识的增加并不等于其公民意识水平就会相应提高，学生不会自动地成为合格的公民。有的人受了多年的教育，甚至取得了博士学位，有丰富的专业知识，却不懂得做人的基本道理，这种公民责任意识与其智力、知识发展严重失衡的事例并不少见。

六、学生的地位

在社会学或人类学上，社会地位是指一个人在社会中，因其社会阶级所得到的荣誉和声望；亦可解作一个人在某群体中所处的身份，例如子女、玩伴和学生等。学校是一种社会体系，学生自然具有各自相应的地位。

（一）学生的社会地位

学生的社会地位是指他们作为社会成员应具有的主体地位。学生拥有社会地位属于学生的基本权利。但从我国传统的教育观念和学校对待学生的态度来看，学生的独立个性和主体地位并未得到有效重视，学生更多处于被管理的地位，教师听不到学生的心声，侵害儿童、侵害学生权利的纠纷时有发生。要转变这种情况，将学生独立的人格和合法的权利交还学生，需要从观念和制度等不同的方面加以改进和加强。从观念层面讲，教师要树立科学的学生观，尊重学生的法律地位；从制度层面讲，学校要在尊重学生权利的基础上，制定合理的学生管理制度，发挥学生的主体性，科学管理学生。

1. 学生的法律地位

在学校教育中，学生享有公民享有的所有权利，如人格尊严权、身心健康权，同时拥有教育法律中规定的相应权利，如受教育的平等权、公正评价权、申诉救济权等。教育行政部门和学校、教师依法行使教育、管理学生的职责，同时必须维护学生的合法权益，任何组织或个人都不能侵害学生合法权利。当个人的合法权益受到侵害时，学生要善于利用法律武器维护自己的权益，善于同侵权行为作斗争，在斗争过程中既要机智又要勇敢。

2. 学生的合法权利

1989年11月20日联合国大会通过的《儿童权利公约》的核心精神正是维护少年儿童的社会权利主体地位。体现这一精神的基本原则是儿童利益最佳原则、尊重儿童尊严原则、尊重儿童观点与意见原则、无歧视原则。我国作为《儿童权利公约》的缔约国之一，在履行《儿童权利公约》的同时，也颁布了一系列相关法律、法规和政策，对青少年享有的权利做出了规定，如《中华人民共和国宪法》（以下简称《宪法》）、《中华人民共和国教育法》（以下简称《教育法》）、《中华人民共和国义务教育法》（以下简称《义务教育法》）、《中华人民共和国未成年人保护法》（以下简称《未成年人保护法》）等。在这些法律法规中，未成年学生享有的主要权利概括起来有以下几个方面：

（1）学生的受教育权。受教育权是学生应该享有的最主要的权利，我国一系列法律都对此做出了规定。我国《宪法》第46条规定，中华人民共和国公民有受教育的权利和义务。国家培养青年、少年、儿童在品德、智力、体质等方面全面发展。《义务教育法》规定，国家、社会、学校和家庭依法保障适龄儿童、少年接受义务教育的权利。凡年满6周岁的儿童，不分性别、民族、种族，应当入学接受规定年限的义务教育。《未成年人保护法》第28条第1款规定，学校应当保障未成年学生受教育的权力，不得违反国家规定开除、变相开除未成年学生。学生的受教育权包括受完法定教育年限权、学习权和公正评价权。受完法定教育年限权是指年满6周岁的儿童应入学接受义务教育，并受满法律规定的教育年限，学校和教师不能随意开除学生。

（2）学生的人身权。人身权是公民权利中最基本、最重要、内涵最为丰富的一项权利。

未成年人作为特殊的群体正处在身心发育的关键时期，他们对外界充满着好奇，精力旺盛、活泼好动，有时做事情危险不自知，这些特点都决定了学生的人身权有赖于国家、社会、学校的特殊保护。国家相关法律对在校学生的生命健康权、隐私权、名誉权、人格尊严权等都进行了特殊保护规定。如我国《未成年人保护法》第 27 条规定，学校、幼儿园的教职员应当尊重未成年人人格尊严，不得对未成年人，实施体罚、变相体罚或者其他侮辱人格尊严的行为。近年来，关于老师体罚学生的新闻报道层出不穷，幼儿园儿童体罚事件、老师逼迟到学生互扇耳光等，这些行为严重违反了《未成年人保护法》的规定，教育者不得不对我们的教育进行反思。

3. 学生的义务

作为法律的主体，学生在享受国家法律规定的权利的同时，必须履行相应的义务。

主要包括两部分：一是作为公民必须履行的《宪法》和其他法律规定的义务；二是作为学生必须履行的法律规定的义务。我国《教育法》第 44 条规定学生应当履行的义务如下：

（1）遵守法律、法规。每个公民都必须履行此项义务，当然包括学生群体。主要表现在学生遵守国家法律法规中有关学生的规定，我国法律法规对不同教育阶段的学生有不同的要求。

（2）遵守学生行为规范，尊敬师长，养成良好的思想品德和行为习惯。立德树人是教育的根本任务，任何时刻都要把培养良好思想品德放在第一位，这才是真正贯彻我国培养德智体美劳全面发展的社会主义建设者和接班人的教育目的。学生不能只拥有强大的头脑，更要有高尚的情操、担当的意识、健全的人格、健康的心理素质。

（3）努力学习，完成规定的学习任务。学生良好的道德情操和道德行为需要体现在日常学习生活中，作为学生努力学习同样是形成良好道德行为的具体表现。接受教育是学生成人成才的主要方式，学生在系统的学习中能够掌握知识、不断成长。学生努力学习的义务表现在日常学习细节中：遵守学校作息时间，不旷课、迟到、早退；课前做好准备，课上专心听讲，不做与课堂学习无关的事情，认真思考，积极发言；放学后认真复习，保质保量完成作业；积极参加学校组织的各项文体活动，全方位地锻炼自己。

（4）遵守所在学校或者其他教育机构的管理制度。学校为保证教育教学的顺利展开，保证学生学习能力的不断提高，根据国家法律法规具体制定本学校的管理制度，学生有义务遵守各项学校规定，这与遵守国家法律法规在本质上是一致的。

（二）学生在教育过程中的地位

从教育教学的本质来看，学生既是教育的客体，又是教育的主体。

1. 学生是教育的客体

教学的本质是有"教"的学，既然有教，就必须有"教"的对象存在。从这个意义上来说，学生就是教师教的对象，是教育的客体。首先，学生是教师分析研究的对象，是教师教育的对象，不能颠倒两者的位置。其次，在教育过程中，学生作为管理教育的对象，要自觉服从教师合理的管理；最后，在教师的指导下，规范地学习是学生的基本任务。

学生是尚待发展的群体，学生个体成熟的过程就是学习的过程，由于直接经验学习的有限性，学生的知识不可能全部通过自学和实践获得，教育活动为学生的成长提供了便利条件，教学成为施教的基本途径。因此，基于学生自身发展和社会发展的双重需要，学生都必须接受他人的教育，成为教育的客体。

2. 学生也是教育的主体

在教育教学过程中，学生不是被动的加工对象，正如前文所说学生是具有主体性的人，他具有能动性、自觉性和创造性。同样的课堂、同样的教师、同样的教育形式，为什么学生的学习表现、行为习惯有所差别，这就是学生主体性使然。首先，学生的选择性。学生对教师各自有着不同的判断与评价，对于教师的输出产生了不同程度的接受或抵制，使得教育影响有所区别。其次，学生的独立性。主要表现在每个学生身心发展的差异性，学生原有的思维方式、认知水平、兴趣动机等，对教育的接受程度产生差异。再其次，学生的能动性。能动性是指主体能够自觉、积极主动地认识客体和改造客体，而不是被动消极地进行认识和实践。学生在学习过程中的能动性表现在学生积极地参与教学活动，进行思考，对知识进行吸收、改造、加工，主动建构知识，形成知识的迁移。能动性弱的学生恰好相反，在课堂中花费了同样的时间，却并未投入全部的精力，学校效果千差万别。最后，学生的创造性。学生可能超乎教师的想象，科学地提出不同的观点，根据自身的需要创造出新的学习方法。

七、师生关系

师生关系是教育中最为重要的关系。教育作为一种特殊的社会活动和社会现象，在其中互动的每个个体必定会形成某种关系。这种关系首先可以从社会学的角度去考察，也可以从教育学的角度来考量。

有的学者认为，如果从社会学的角度来考察，师生关系是平等的个体之间形成的关系，因此具有平等的性质。但是从教育学的角度来看，因为教育是一种特殊的社会活动，其中教的活动和学的活动组成了教育活动的主体，这些活动的发出者分别是教师和学生，他们的地位也有本质上的不同。从教育学的角度来说，教师与学生天生就是不平等的，从古至今，教育便是学生在教师的引导下成长，因此，教师是主导者，这个地位一直是没有改变的。但是，如果从历史的角度来考察的话，我们便会发现，古代的师生关系是亲密的、友爱的、平等的且相互尊重的，学生对老师是敬畏的。这种师生关系的特质到了现代教育视域中，便有了诸多的疏离与异化。我们有必要去追寻更理想的师生关系，而不仅仅是师尊生卑的师生关系。在这方面，古代的师生关系、社会学视野中的师生关系、教育学视野中的师生关系，以及哲学人类学视野中的师生关系，是很值得提倡的。简单来说，当代教育应该秉持的师生关系的特征如下：

（一）师生关系是民主、平等的关系

民主、平等的师生关系，既是哲学上的追求，也是社会学上的必然反映。民主、平等地对待学生，这是对教师自身职业角色的尊重和体认，也是对学生独立个体发自内心的尊重和关爱。那种高高在上的教师是不合格的，这只能证明其内心的空虚和狭小的胸襟。因为在真实的教育场域中，教师和学生都是作为"人"相遇在一起并建立起一种关系。教师要重视自己作为"人"的价值，同时也要尊重学生的价值，在与学生的平等对话与交流中给学生以智慧、情感的启迪。美国后现代教育家多尔认为，教师在师生关系中是作为"平等者中的首席"而存在的，这并非抹杀了教师在教育中的重要作用，而是对师生关系重新进行了建构，赋予了师生关系更深的内涵。

（二）师生关系是相互尊重的关系

师生关系也是相互尊重的关系。教师要尊重学生，了解学生，真正走进学生的心里。尊重学生，就要尊重他们的行为和想法，了解他们对事物的观点，甚至要容许他们对自己的不接纳、不靠近，因为这背后肯定是有原因的。有教师分享了这么一个案例：

刚接这个班级，还真吃了不少的"醋"。孩子们对原来的班主任有着深厚的情感，看见我特回避，一到课间和中午就一窝蜂地跑到原来老师所教的班级，教室乱得都没人清扫，我没有生气，因为我觉得这些孩子重感情，这是多好的品质啊！到了下午，我当着全班表扬了去看以前班主任的学生，我夸他们是重感情的孩子，以后，我主动安排学生定期去原来老师所教的年级，做一些力所能及的事，如搬水、清扫、办板报等。在不经意间既联络了和以前班主任的情感，又让孩子们学会了如何感恩。慢慢地，孩子们对我的情感越来越深了，大事小事都爱聚在我身边说说，所谓"亲其师，信其道"，我再提要求，他们就很乐意接受了。我终于走进了孩子们的内心。

从上面这个案例可以看到，如果这个教师一开始没有尊重学生的行为，就不可能走进学生的内心。当然，尊重学生，更深层次的是要尊重他们的人格，不羞辱、不取笑他们的生理缺陷或性格缺陷，而是真诚地尊重他们。在这个基础上，才有可能促进学生的发展。

（三）师生关系是开放、对话的关系

开放、对话的关系，是当代理想师生关系的重要特征。这不仅仅说的是师生之间要有语言上的交流，更多的是双方精神上的敞开与彼此接纳，"对话"是一种真正意义上的精神平等与沟通。这种关系，并不因为学生对知识的储备不深、缺乏相关的社会阅历而被削弱，相反，正是真正理解了彼此作为"人"的内涵才有的境界。通过精神上的对话，师生双方将从不同的角度去认识自己和这个世界。因此，对话的师生关系体现的正是哲学视域及伦理学视域中的"我"与"你"的关系，是敞亮彼此内心的一种关系。

（四）师生关系是充满教育意蕴的关系

当然，师生关系还应该在教育视域中去解读。应该说，在教育情境中自然而然地展开的师生关系是充满教育意蕴的。这种意蕴，带着浓厚的教育学特质，体现了教育这种社会活动的独特之处。前面我们说到的民主的、平等的、对话的师生关系，都是这些教育意蕴的脚注。

很多教育的案例可以说明这些。印度电影《地球上的星星》讲述的就是这样的充满教育意蕴的师生关系。剧中的伊夏是个9岁的孩子，他在功课上遇到了非常大的障碍（实际是阅读障碍），但是没有人懂，大家都只怪他懒、不好好学习。因为功课不好，他遭遇了被赶出教室、被勒令退学、转学等事件，从一个内心敞亮的孩子变成了一个孤僻、忧郁的孩子。后来在尼克老师的帮助下，他终于慢慢地学会了阅读，自身的艺术才华（绘画）也得到大家的认可。这部电影讲述的故事很长，故事本身正好说明了，积极的、能够走进学生内心的师生关系是充满教育意蕴的。因此，教师要重视平等、民主、尊重、对话的师生关系的建构。

第四章

历史维度：教育学理论的发展演变

第一节　教育学理论的历史起源和发展历程

教育学理论的历史起源可以追溯到古代，当时的哲学家、思想家和教育家开始对教育进行探索和研究。例如，我国古代春秋战国时期，孔子等思想家提出了许多关于教育的理念和方法，这些理念和方法对后世的教育发展产生了深远的影响。在欧洲，古希腊和古罗马时期的哲学家也开始对教育进行思考和探讨。

一、17 世纪和 18 世纪

自古以来，教育一直是人类社会的重要组成部分。它不仅是文化传承的关键环节，更是国家发展和社会进步的重要推动力。然而，教育学作为一门独立的学科，其形成和发展却经历了漫长而曲折的历程。教育学的发展历程可以追溯到古代社会。在那个时代，教育主要由哲学家、政治家和伦理学家等人士通过言传身教的方式进行。这些学者们在探讨哲学、政治和伦理问题时，也涉及了教育的相关内容。然而，这时的教育并没有形成一门独立的学科，而是作为其他学科的一个附属品存在。

随着时间的推移，人类社会逐渐进入了近代社会。在这个时期，随着科学的发展和社会分工的细化，人们开始对教育进行更为深入的研究。教育学开始从哲学、政治学、伦理学中逐渐独立出来，形成一门独立的学科。这一转变不仅标志着教育学的发展进入了一个新的阶段，也为后来的教育学研究提供了更为广阔的空间。

在 17 世纪和 18 世纪，欧洲的教育学开始形成独立的学科体系。这一时期，一些杰出的教育家开始涌现出来，他们撰写了大量独立的教育学著作，如夸美纽斯的《大教学论》等。这些著作不仅探讨了教育的目的、方法和内容等问题，还深入研究了教育与社会、文化和经济等各个方面的关系。这些著作不仅对当时的教育实践产生了深远的影响，也为后来的教育学研究提供了重要的理论基础。

夸美纽斯在《大教学论》中系统阐述了自己的教育理念和方法，强调教育的目的不仅是传授知识，更是培养人的品德和能力。他的这一思想不仅在当时引起了广泛的关注，也对后世的教育学研究产生了深远的影响。后来的教育学家在研究教育问题时，经常引用夸美纽斯的观点和方法，以此来丰富自己的理论体系。

教育学作为一门独立的学科，其形成和发展不仅标志着人类社会对教育认识的深化，也为教育实践提供了更为科学的指导。随着教育学的发展，人们开始更加关注教育的实际效果和社会影响，不断探索和创新教育方法和技术。这些努力不仅提高了教育的质量和效率，也为社会的发展和进步提供了强大的动力。

教育学作为一门独立学科的演变与发展是人类社会文明进步的重要体现。从古代哲学家、政治家和伦理学家的言传身教到现代教育学家的深入研究，教育学的发展历程充满了曲折和艰辛。然而，正是这些努力使得教育学逐渐从其他学科中独立出来，成为一门具有独立地位和价值的学科。这一转变不仅丰富了人类对教育的认识和理解，也为后来的教育学研究提供了重要的理论基础和实践指导。

二、19 世纪末和 20 世纪初

19 世纪末和 20 世纪初，实证主义如潮水般涌向全球，带来了诸多领域研究的崭新方法与视角。在这股思潮的引领下，教育学也迈入了其科学化的重要转折点。长久以来，教育领域主要依赖于传统的经验和直觉，但在这一时代背景下，教育家们开始意识到，这样的方法已无法满足日益复杂多变的教育需求。因此，他们积极寻求科学的研究方法，试图为教育学理论构建坚实的科学基石。

在这一时期，教育实验和实证研究逐渐崭露头角，受到了广泛的关注。教育家们开始设计严谨的实验，收集详尽的数据，运用统计分析等方法，深入探究教育的本质和规律。这种方法不仅提高了教育研究的科学性和准确性，而且为教育实践提供了更为坚实可靠的理论支持。

美国教育家杜威在这一进程中发挥了至关重要的作用。他提出了"实用主义"教育理论，强调教育应与实际生活紧密相连，注重学生实践能力和创造力的培养。杜威认为，教育的目的不仅仅是传授知识，更重要的是帮助学生掌握解决实际问题的能力。因此，他提倡在教学过程中引入实际问题，让学生在解决问题的过程中实现学习和成长。这一理念在当时引起了巨大的反响，并对后来的教育实践产生了深远的影响。然而，杜威只是这一时期众多杰出教育家之一。还有许多其他的教育家也致力于教育学的科学化进程。他们通过实证研究，深入探索了教育的各个要素，包括教学方法、教育内容、学生发展等方面。这些研究不仅为教育学的发展提供了丰富的理论基础，也为教育实践提供了宝贵的指导。

回顾 19 世纪末和 20 世纪初的历史，我们可以清晰地看到教育学科学化的重要阶段。在这一时期，教育家们运用科学的方法研究教育问题，推动了教育学理论的创新和发展。这些努力不仅为后来的教育实践提供了宝贵的经验，也为整个社会的进步奠定了坚实的基础。正是这些教育家们的辛勤付出和不懈努力，使得教育学得以摆脱传统的束缚，走向更加科学、实用的道路。

三、20 世纪中期以后

20 世纪中期，随着科技日新月异和社会结构的深刻变革，人类逐渐认识到教育并非单一的、孤立的现象，而是一个复杂多变、涉及众多因素的社会现象。这种认知的转变促使教育学的研究领域不断扩展，深化了对教育现象的理解。

在这一时期，教育学开始与其他学科进行交叉融合，形成了诸如教育心理学、教育社会学、教育经济学等分支学科。教育心理学着重研究学生的心理发展、学习过程、学习动机等，为教育实践提供了心理学理论基础。教育社会学则关注教育与社会结构、文化、经济等因素的关系，深入剖析了教育不公平、教育资源分配不均等社会问题。教育经济学则从经济学的角度出发，研究教育投资、教育回报、教育资源配置等问题，为教育决策提供了经济学依据。

随着教育学研究领域的不断扩展，学者们开始更加关注教育公平和教育质量问题。教育公平是教育发展的基石，它要求教育资源在城乡、区域、学校、群体之间实现公平分配，确保每个孩子都有接受优质教育的机会。为了实现教育公平，政府和教育机构需要制定并执行一系列政策和措施，如加大对农村地区和贫困地区的教育投入，优化教育资源配置，提高教师素质等。

教育质量问题则是教育发展的核心，它关系到人才培养的水平和国家的未来发展。为了提高教育质量，教育工作者需要深入研究教学方法、课程设计、评价体系等方面的问题，不断探索和创新教育理念和实践。同时，还需要加强对学生的综合素质培养，注重培养学生的创新精神和实践能力，以适应社会发展和科技进步的需求。

在这个过程中，教育学的研究和实践为解决现实中的教育问题提供了理论支持和实践指导。通过深入研究和探索，人们逐渐认识到教育的复杂性和多样性，开始尝试从多个角度和层面去理解和解决教育问题。这种跨学科的研究方法和综合性的思考方式，不仅丰富了教育学的理论体系，也为教育实践提供了更加全面和深入的指导。

20世纪中期以后，随着科技的发展和社会的变革，教育学的研究领域不断扩展，开始关注教育公平和教育质量问题。这种转变不仅深化了人们对教育现象的理解，也为解决现实中的教育问题提供了理论支持和实践指导。未来，随着社会的不断发展和进步，教育学将继续发挥其在人才培养和社会发展中的重要作用，为构建更加公平、优质的教育体系贡献智慧和力量。

第二节　不同历史阶段教育学理论

一、古代教育理论的萌芽

在人类历史的辉煌篇章中，古希腊无疑是一个闪烁着深邃智慧光芒的文明。这个文明不仅孕育了无数杰出的哲学家、思想家和学者，更在教育领域留下了宝贵的遗产。其中，柏拉图和亚里士多德这两位伟大的哲学家，他们的教育理念至今仍对全球教育产生着深远的影响。

（一）柏拉图

柏拉图，这位古希腊哲学史上的璀璨巨星，以其深邃的哲学思想和卓越的学术成就，为后世留下了宝贵的遗产。在他的杰作《理想国》中，柏拉图为我们描绘了一个理想的教育蓝图，展现了他对教育模式的独到见解。柏拉图深知，早期教育对于一个人的成长具有至关重要的影响。他比喻孩子们的心灵如同幼小的树苗，需要得到精心呵护和培育才能茁壮成长。因此，他强调，在孩子们成长的初期，应当为他们提供一个良好的教育环境，让他们的心灵得到充分的滋养和引导。在柏拉图看来，游戏不仅仅是一种娱乐活动，更是一种富有成效的教育手段。他认为，通过游戏，孩子们可以在轻松愉快的氛围中学习团队协作、沟通能力等重要技能。这些技能对于孩子们日后的社会生活具有至关重要的意义，能够帮助他们更好地融入社会、与他人和谐相处。柏拉图的教育观念并不仅仅局限于学术知识的传授。他更着眼于个体品德和社会责任的培养。他坚信，教育的目的在于促进个体心灵的健康发展，引导人们追求真理、正义和智慧。只有当一个人的内心充满善良和智慧时，他才能真正地为社会的和谐与进步作出贡献。

值得一提的是，柏拉图以其超前的眼光，倡导女子应与男子享有同等的教育机会。在当时的社会背景下，这一观点无疑显得尤为勇敢和先进。

他坚信，性别不应成为教育的障碍，每个人都有权利获得知识、培养能力。只有这样，社会才能真正实现公平和进步。柏拉图的教育观念体现了其对人的全面发展和社会和谐的深刻洞察。他强调了早期教育的重要性，提倡游戏作为教育手段的运用，并倡导男女平等的教育机会。这些观念不仅对当时的社会产生了深远的影响，也对后世的教育事业产生了重要的启示。在柏拉图看来，教育的真正意义在于引导人们追求真理和智慧，培养具有高尚品德和强烈社会责任感的公民。这样的教育理念不仅有助于个体的成长和发展，更有助于推动整个社会的和谐与进步。

（二）亚里士多德

亚里士多德，这位古希腊的哲学巨匠，作为柏拉图的学生，他在继承并发扬柏拉图的教育理念的同时，也提出了自己独到的见解。在他的经典之作《政治学》中，他深入探讨了自由教育的概念，为后世的教育发展奠定了坚实的基础。亚里士多德坚信，教育应遵循自然法则，这意味着教育应该根据学生的心理发展规律进行阶段性的指导。他认为每个学生都是一个独一无二的个体，他们各自拥有不同的兴趣、才能和发展速度。因此，他强调教育应该因材施教，充分尊重学生的个性差异，为他们量身定制学习路径和发展空间。这种以人为本的教育理念，使亚里士多德在古希腊的教育领域中独树一帜。他反对刻板的教育方式，主张根据学生的兴趣和能力来引导他们学习，使教育真正变得个性化和富有创造性。这种理念不仅在当时引起了巨大的反响，而且对后世的教育改革产生了深远的影响。

亚里士多德进一步指出，教育的目标并不仅仅是传授知识，更重要的是培养人的全面发展。他强调教育应该注重培养学生的思维能力、审美情感、道德品质等多方面的素养。这意味着教育不仅要让学生掌握知识，还要让他们学会思考、感悟和行动，成为具备综合素质的优秀人才。亚里士多德对于教育人性化、全面化的重视，为我们今天的教育改革提供了宝贵的启示。我们需要更加注重学生的个体差异，关注他们的全面发展，为他们提供更加丰富和多样化的教育资源和路径。此外，亚里士多德的教育理念还提醒我们，教育不应该仅仅停留在传授知识的层面，更应该注重培养学生的思维能力、创新精神和道德品质。只有这样，我们才能培养出真正具备综合素质的优秀人才，为社会的繁荣和进步作出贡献。亚里士多德作为古希腊的哲学巨匠，在教育领域提出了许多独到的见解。他强调教育应遵循自然法则，因材施教，注重学生的全面发展。这些观点为我们今天的教育改革提供了宝贵的启示，提醒我们要关注学生的个体差异，注重培养他们的综合素质，为社会的繁荣和进步贡献力量。

古希腊的柏拉图和亚里士多德这两位伟大的哲学家，用他们的智慧和洞察力为我们揭示了教育的真谛。他们的教育理念不仅关注个体的成长与发展，还强调社会责任和道德品质的培养。这些智慧瑰宝至今仍对全球教育产生着深远的影响，激励着我们不断探索更加完善的教育体系，为人类的未来贡献力量。

二、启蒙时代的教育启蒙

在 17 世纪至 18 世纪的启蒙时代，人类社会经历了一场前所未有的深刻变革。封建束缚逐渐松动，人们开始勇敢地追求自由、平等和个人权利。这场运动不仅彻底改变了政治和社会结构，而且对教育领域产生了深远的影响。

在启蒙时代，教育逐渐从传统的宗教和道德灌输中解脱出来，开始迈向理性和科学的道路。人们逐渐认识到，教育不仅仅是传授知识，更重要的是培养学生的个性和差异。这种转变是基于对人性和人权的全新认识，也是对人类自身潜能和可能性的深入探索。

在这一时期，众多启蒙思想家对教育问题提出了许多深刻的见解。其中，洛克和卢梭等人是这一时期的代表性人物。洛克在其著作《人类理解论》中提出了著名的"白板说"，他认为人的心灵如同一块白板，需要通过经验和教育来塑造。他强调了教育的个性化和自由化，认为每个学生都有独特的才能和兴趣，教育应该关注每个学生的个体发展，而非仅仅是道德的灌输。这种教育理念在当时引起了广泛的关注和讨论，为后来的教育改革和发展奠定了基础。

卢梭，这位启蒙时代的杰出思想家，在其传世之作《爱弥儿》中，为后世留下了一种深入人心且意义深远的教育理念——自然教育。卢梭倡导的教育观点，摒弃了传统教育中对儿童天性和成长过程的束缚，转而强调教育应顺应自然，让儿童在自由、宽松的环境中自然成长。卢梭坚信，教育的首要任务并非单纯地灌输知识或训练技能，而是塑造一个自由、独立、具备高尚道德情操的人。他主张，教育应当尊重儿童的身心发展规律，允许他们在自然的怀抱中自由探索、发现和学习。这种教育理念，在当时的社会背景下，无疑是一种颠覆性的思考，它挑战了传统教育观念的束缚，为现代教育体系的建立奠定了坚实的基础。卢梭的自然教育理念，强调教育过程中的个体差异和因材施教。他认为，每个儿童都有其独特的天性和成长轨迹，教育应当充分尊重这些差异，为每个孩子量身定制适合他们的教育方案。这种教育理念，不仅有助于培养儿童的独立思考能力和创新精神，还能让他们在未来的生活中更好地适应社会的多元化需求。此外，卢梭还强调了道德教育在自然教育中的重要地位。他认为，一个真正自由、独立的人，必须具备高尚的道德品质。因此，在教育的过程中，卢梭主张教育者应引导儿童树立正确的价值观，培养他们具备良好的道德品质和行为习惯。这种注重道德教育的理念，为现代教育体系中的德育课程提供了重要的思想基础。卢梭的自然教育理念，在当时的社会引起了巨大的反响。许多教育家和思想家纷纷加入这一理念的探讨和实践中，为现代教育体系的建立和发展作出了积极的贡献。时至今日，卢梭的自然教育理念仍然具有重要的现实意义。它提醒我们，在教育的道路上，我们应该更加关注儿童的身心需求，让他们在自由、宽松的环境中茁壮成长，成为具有自由精神、独立思考能力和高尚道德情操的现代公民。卢梭的自然教育理念对现代教育体系的建立和发展产生了深远的影响。它提醒我们，教育应当尊重儿童的天性和成长过程，让他们在自由、宽松的环境中自然发展。同时，教育者也要关注儿童的道德教育，引导他们树立正确的价值观和人生观。这些思想不仅具有重要的历史意义，也为我们今天的教育实践提供了宝贵的启示和借鉴。

启蒙时代的教育观点虽然强调了个性化和自由化，但在某种程度上也忽视了社会的整体利益和共同价值观。因此，在现代教育中，我们在尊重个体差异的同时，也要注重培养学生的社会责任感和公民意识。这既是对启蒙时代教育思想的继承和发展，也是现代社会对教育的全新期待。17世纪至18世纪的启蒙时代是人类历史上一个重要的转折点，对教育领域产生了深远的影响。启蒙思想家们提出的个性化、自由化和科学化的教育理念，为我们今天的教育改革和发展提供了宝贵的启示和借鉴。

三、现代教育的多元化发展

随着时代的进步和科技的发展，现代教育理论正在经历一场前所未有的变革。它不再局限于传统的"教师讲、学生听"的模式，而是逐渐向着多元化、个性化和全面发展的方向演进。在这场变革中，学生被视为学习的主体，而教育者的角色也转变为引导和辅助学生发展的角色。

（一）学生主体的崛起

现代教育理论强调学生的主体性和参与性，认为学生在教育教学中不是被动地接受，而是主动地参与、探索和创新的主体。这种转变意味着教育不再是单向的灌输，而是双向的互动和交流。在这样的理念下，学生被赋予更多的自主权，可以在学习过程中发挥自己的个性和特长，从而更好地实现自我发展。

（二）教育者角色的转变

随着学生主体地位的提升，教育者的角色也发生了深刻的变化。他们不再是高高在上的权威者，而需要主动俯下身体与学生平等对话，对学生的学习起到引导和辅助的作用。教育者的任务不仅仅是传授知识，更重要的是激发学生的学习兴趣，培养他们的自主学习能力，以及帮助他们建立正确的价值观和人生观。

（三）教育与社会发展的紧密联系

现代教育理论还强调教育与社会发展的紧密联系。它认为，教育不仅是个人成长的必要途径，也是推动社会进步和变革的重要力量。在现代社会，知识的更新速度日新月异，只有不断学习和创新，才能适应时代的变化和发展。因此，教育不仅要培养学生的基本素质，还要注重培养他们的创新能力和实践能力，使他们能够为社会的发展做出更大的贡献。

（四）多元化教育模式的探索

为了实现上述目标，现代教育理论正在探索多元化的教育模式。这些模式包括个性化教育、项目式学习、合作学习等，旨在满足不同学生的学习需求和特点。同时，现代教育还注重提高学生的综合素质，重视跨学科的学习，加强学生实践活动的参与，注重理论联系实际能力的提高。

（五）实证研究与教育创新

为了验证现代教育理论的有效性，许多学者和实践者进行了大量的实证研究。这些研究不仅为现代教育理论提供了有力的支持，也为教育创新提供了宝贵的经验和启示。例如，一些研究发现项目式学习和合作学习能够显著提高学生的学习兴趣和成绩，培养他们的创新能力和合作精神。这些研究成果为教育者提供了更多的教学方法和手段，有助于推动现代教育理论的深入发展。

现代教育理论呈现出多元化的发展趋势，强调学生的主体性、教育者的引导和辅助角色以及教育与社会发展的紧密联系。这些理念为现代教育改革提供了有力的指导，有助于培养更多具有创新精神和实践能力的人才，推动社会的进步和变革。

第三节 教育学理论发展演变的规律

一、历史继承性

教育学理论的发展是一个悠远且深邃的历史过程，其中蕴含着丰富的智慧和不断累积的知识。从最初的哲学思辨，到逐渐分化成独立学科，再到今天的多元化、跨学科研究，教育学理论的发展始终贯穿着历史继承性。这种继承性不仅体现在对前人理论的承袭和发展，更在于对实践的深刻反思和持续完善。

在教育学理论的早期阶段，诸如柏拉图、亚里士多德等哲学家就开始对教育问题进行深入探讨。他们的思想奠定了教育学的哲学基础，为后续的理论发展提供了重要的参考。例如，柏拉图提出的"理想国"理念，强调教育对于塑造理想社会的重要性，这一观点至今仍对教育学产生着深远的影响。

随着历史的演进，教育学逐渐从哲学中分离出来，成为一门独立的学科。在这一时期，许多教育家如夸美纽斯、赫尔巴特等，开始系统地研究教育问题，并形成了各具特色的理论体系。这些理论在继承前人智慧的基础上，结合当时的社会背景和教育实践，对教育学理论进行了进一步的丰富和发展。

进入现代社会，教育学理论的研究更加多元化和跨学科。心理学家、社会学家、人类学家等纷纷涉足教育领域，为教育学理论注入了新的活力。这些新兴的理论不仅继承了传统教育学理论的精髓，还结合现代科学的研究成果，对教育实践进行了更加深入的分析和指导。

值得一提的是，教育学理论的发展并非一帆风顺。在实践中，人们不断发现既有理论的局限性和不足，进而进行修正和完善。这种修正和完善的过程，正是历史继承性的生动体现。它告诉我们，任何理论都不是一成不变的，都需要在实践中不断检验和调整。

历史继承性是教育学理论发展的重要特征。它不仅体现在对前人理论的承袭和发展上，更在于对实践的深刻反思和持续完善。正是这种历史继承性，使得教育学理论能够在不断演进中保持活力，为教育实践提供有力的指导。因此，我们应该珍视历史遗产，不断挖掘和发扬前人的智慧，同时保持开放的心态，勇于接受新的理论和实践挑战，共同推动教育学理论的繁荣和发展。

二、社会制约性

教育学理论的发展，如同其他任何学科一样，都深受其所在社会历史条件的制约。在不同的社会历史阶段，教育学理论的主题、内容和形式都会展现出鲜明的时代特色。这一特性使得教育学理论在历史的长河中呈现出一种动态演变的态势。

在古代社会，教育学更多地关注道德教育和人才培养。这一点在古代中国的教育中尤为明显。古代中国的教育体系以儒家经典为主要内容，强调道德教育的重要性，注重培养人的品德修养。这种教育观念的形成，与当时社会的政治、经济、文化等背景密不可分。在那个时代，社会秩序的稳定、家族宗法的延续，都依赖于个人的道德品质。因此，教育学自然将道德教育放在了核心地位。

而进入现代社会，随着科技的飞速发展、社会的急剧变革，教育学理论的主题和内容也发生了深刻的变化。现代社会强调个人权利的保障，提倡教育的公平性，注重创新能力的培养。在这一背景下，教育学理论开始关注教育公平、教育创新等问题。例如，现代教育理论提倡教育的民主化，倡导每个人都享有平等的受教育机会，同时也注重培养学生的创新精神和实践能力，以适应快速变化的社会环境。这种变化并非偶然，而是与社会历史条件的变迁紧密相连。在现代社会，科技的发展使得知识的获取变得更为便捷，人们的教育需求也呈现出多样化的特点。同时，社会的快速发展也对人才培养提出了更高的要求，需要教育能够适应这种变化，培养出具有创新精神和实践能力的人才。

教育学理论的发展受到社会历史条件的深刻制约。在不同的社会历史阶段，教育学理论都会根据时代的需求和背景进行相应的调整和发展。这种调整和发展不仅反映了社会的变迁，也推动了社会的进步。因此，我们在研究教育学理论时，必须充分考虑其所在的社会历史背景，以更全面、深入地理解其内涵和价值。

三、实践依赖性

教育学理论的发展并非空中楼阁，而是深深扎根于教育实践之中。理论与实践的紧密结合，使得教育学理论得以不断从实践中吸取养分，进而发展壮大。

教育实践为教育学理论提供了丰富的素材和案例，教育实践中，教师们面对各种各样的学生、教育环境和教育问题，他们的实践经验成为教育学理论的重要来源。教育实践是检验教育学理论正确与否的试金石，理论是否正确，不是靠自我宣称，而是要在实践中得到验证。例如，近年来，许多教育学理论提倡以学生为中心的教学模式，认为这样可以提高学生的主动性和创造性。然而，这种理论是否真正有效，就需要在教育实践中进行验证。只有通过实践，我们才能发现理论的优点和不足，从而对其进行修正和完善。

教育实践对教育学理论的发展具有推动作用，教育实践中的问题和挑战，往往能激发理论研究的兴趣和动力。面对实践中的问题，理论研究者会进行深入的思考和研究，从而推动理论的发展。比如，面对在线教育的兴起，教育学理论开始研究在线教育的特点和优势，以及如何将其与传统教育相结合，从而推动了教育理论的发展。

教育实践在教育学理论发展中具有核心作用。它不仅是教育学理论的源泉和基础，更是检验其正确与否的唯一标准。教育学理论必须紧密结合教育实践，不断从实践中吸取养分，才能不断发展壮大。因此，我们应该高度重视教育实践在教育学理论发展中的作用，鼓励更多的教育工作者深入实践，从实践中提炼出更多的理论成果，为教育学的发展做出更大的贡献。

此外，教育实践对于教育学理论的创新也起到了关键作用。在教育实践中，教师们经常遇到新的问题和挑战，这些问题和挑战需要他们不断地思考和创新，以寻找更好的解决方案。这种创新的精神和实践的智慧，为教育学理论的发展注入了新的活力。例如，随着信息技术的发展，教育实践中的教学方式和手段也在不断创新，如混合式教学、翻转课堂等新型教学模式的出现，都为教育学理论的发展提供了新的视角和思路。同时，教育实践也是教育学理论应用的重要场所。教育理论只有应用到实践中，才能真正发挥其价值。通过实践，我们可以将教育理论转化为具体的教学方法和策略，从而指导教育实践，提高教育质量。例如，教育学理论中的多元智能理论，通过在教育实践中的应用，帮助教师更好地发现和培养学生的多元智能，提高了学生的综合素质。

教育实践在教育学理论发展中具有不可替代的核心作用。它既是教育学理论的源泉和基础，又是检验其正确与否的唯一标准，还是推动理论发展和创新的重要动力。因此，我们应该充分认识到教育实践的重要性，加强理论与实践的结合，推动教育学理论的不断发展和创新，为教育事业的发展做出更大的贡献。

第五章

学科维度：教育学理论的跨学科研究

第一节　教育学理论与相关学科的关系研究

一、相关学科的贡献

教育学作为一门独立的学科，其产生和发展离不开相关学科的理论支持。从古至今，众多哲学家、心理学家、社会学家等学者为教育学的形成和发展做出了卓越的贡献。早在古希腊时期，苏格拉底和柏拉图等哲学家就开始探讨教育的本质和目的。苏格拉底提出的"自知其无知"的观点，强调了自我反思和批判性思维的重要性，为后来的教育心理学和认知心理学的发展奠定了基础。而柏拉图则在《理想国》中提出了"哲人王"的理念，主张通过教育培养有智慧、有道德、有能力的领袖，这一观点对现代教育中的领导力和公民教育产生了深远影响。随着时间的推移，教育学逐渐从哲学中孕育而出。捷克教育家夸美纽斯的《大教学论》、德国教育家赫尔巴特的《普通教育学》等著作，为教育学的独立和科学化发展作出了伟大的贡献。这些著作对教学方法、课程设置、教育目标等方面进行了系统阐述，为后来的教育实践提供了重要的理论指导。到了20世纪初，美国教育家杜威的《民主主义与教育》则进一步推动了教育学的多样化发展。他主张教育应该关注学生的兴趣和需要，提倡实用主义教育理念，强调教育与社会生活的紧密联系。这一观点对现代教育改革和课程设计产生了重要影响，也促进了教育学与其他学科的交叉融合。

（一）奠定教育学的学科基础

在漫长的历史长河中，我国战国时期的《学记》尽管篇幅短小，却蕴含了丰富的教育思想和理念，为我国乃至世界的教育发展奠定了坚实的基础。然而，令人遗憾的是，在随后的几千年里，我国的教育传承与发展虽然持续不断，但鲜有教育专著的突破，更缺乏教育学科的生成。相比之下，西方国家和地区在教育领域的探索和发展则显得较为活跃和深入。

古希腊时期，以苏格拉底为代表的智者派在宣传哲学思想的同时，对教育理念也进行了思考，他们强调知识的获取和人的自我完善，提倡通过对话和反思来探索真理和智慧。柏拉图则建构了一个理想国家来阐释自己的教育见解，他认为教育是实现社会和谐和公正的重要手段。亚里士多德强调对人进行和谐的教育，规范了较为丰富的教育内容，并提出了进行分段教育的思想。古希腊时期哲人的教育思想散落在各自的哲学著作中，为西方教育学科的发展奠定了基础。

到了文艺复兴时期，人文主义思想席卷了整个欧洲，以培养人为己任的教育也成了人文主义的先锋。这一时期的"巨人"们一致呼吁教育中应凸显人性，尊重个体的自由和发展。正是在这样的背景下诞生了西方第一本教育学专著夸美纽斯的《大教学论》，学界一般认为这是近现代独立形态教育学的开端。著作中呼吁重视教育事业，讨论了关于人的本性和价值、教育的性质和作用等问题。教育学科学化发展始于赫尔巴特的《普通教育学》，他指出教育作为一种科学，是以实践哲学与心理学为基础的。前者指明目的，后者指明途径、手段。

赫尔巴特的《普通教育学》标志着教育学的发展进入了科学化发展阶段。既运用思辨的方法谈论教育本质、教育规律、教育中的主客体关系、教育与社会的关系等问题；又采用心理学的成果来描述学生身心发展规律，并说明如何进行教学。赫尔巴特的贡献在于他使教育学成为一门独立的学科，为后世的教育研究和实践提供了有力的支持。

虽然中国古代的《学记》在世界教育专著的发展中占据了重要地位，但真正意义上的教育专著和教育学科的诞生却是由西方人完成的。从古希腊的智者派到文艺复兴时期的"巨人"，再到赫尔巴特的教育学体系建立，西方国家在教育领域的探索和发展始终走在世界前列。这一过程充分体现了教育在人类社会发展中的重要性，也为我们今天的教育改革和发展提供了宝贵的经验和启示。

（二）引导和促进教育学的发展

自古以来，哲学和心理学一直是人类思考自身存在和行为的两大重要领域。它们不仅为人类的智慧发展提供了源源不断的动力，还为教育学的诞生和发展奠定了坚实的基础。教育学，作为研究教育现象、揭示教育规律、指导教育实践的一门学科，其发展历程与哲学和心理学紧密相连，相互依存。

哲学为教育学提供了方法论基础和总体态度。不同的哲学思想对教育功能的理解、教育目的的追求有着深远的影响。例如，实用主义哲学家杜威秉持着"有用即真理"的宗旨，将教育视为改造社会的重要工具，从而创立了与传统教育思想背道而驰的进步主义教育流派。这一流派的兴起，不仅推动了教育学的发展，也反映了当时社会对教育改革的需求和期望。同样，存在主义、分析主义等哲学思想也在不同程度上影响了教育学的理论构建和实践探索。

心理学为教育学提供了坚实的科学依据。教育学作为研究人类教育活动的科学，其研究基础就是对人身心发展规律的掌握与尊重，教育理论的发展与突破往往伴随着心理学研究成果的更新，如赫尔巴特的统觉理论、皮亚杰的认知发展理论等，都为教育学的发展提供了重要的理论支撑。这些心理学理论不仅影响了教育学的理论构建，还指导了教育实践的改革和创新。

教育学在哲学和心理学的庇护下逐渐成长，并最终走向学科独立。然而，这并不意味着教育学可以完全脱离哲学和心理学的影响。相反，随着社会的不断发展和进步，哲学和心理学的新理论、新观点将继续为教育学提供源源不断的动力和支持。因此，教育学应该保持与哲学和心理学的紧密联系，不断吸收新的理论成果和实践经验，以推动自身的不断发展和完善。哲学和心理学对教育学的影响深远而持久。它们为教育学的诞生和发展提供了重要的理论基础和实践指导。在未来的发展中，教育学应该继续与哲学和心理学保持紧密的联系和合作，共同推动人类教育事业的进步和发展。

二、存在的问题

相关学科的发展为教育学提供了研究基础和新的研究思路，在借用其他学科理论成果进行教育问题研究、教育理论建构的过程中，一些人罔顾教育学自身的学科特性，照抄照搬其他学科的研究范式、思维方式，从而给教育学的研究带来了损失。

（一）简单套用

教育学作为一门独立的学科，自其诞生之初就不断吸收和借鉴相关学科的理论成果，以丰富和完善自身的理论体系。然而，在这一过程中，简单套用相关学科的理论方法成为教育学理论研究中难以避免的问题。这种"弊病"不仅影响了教育学的独立性和科学性，也限制了其在实际教育活动中的应用和发展。

首先，机械搬用和教条主义是教育学理论研究中常见的问题之一。一些研究者盲目崇拜自然科学的研究方法，将其照搬到教育研究中来，试图通过量化、精确性的手段来揭示教育现象的本质和规律。然而，这种方法忽视了教育活动的复杂性和多样性，难以揭示教育现象的真实面貌。例如，20世纪初西方兴起的实验教育学思潮，追求量化、精确性的研究方法。然而，实验方法强调从环境中"剥离"出关键因素，并考察这些因素间单一的因果关系或相关关系的要求，与实际教育活动因素错综复杂、关系交织、过程多变的特性之间存在明显的冲突。因此，实验方法在教育研究中的适用程度是有限的，滥用实验方法不仅无法得出有价值的结论，还会对教育研究的发展产生负面影响。[1]

---

〔1〕 参见李红绿：《论教育学在借鉴相关学科时的人本思想》，载《怀化学院学报》2009 年第 1 期。

此外，有些研究者试图用自然科学的严密性、精确性和客观性来规范教育研究，将教育研究视为一种客观存在的现象，忽视了教育活动中人的主观能动性和偶然性。这种求全责备的态度不仅无法揭示教育现象的真实本质，还会使教育研究失去其应有的价值。例如，奥康纳将自然科学研究的严密性、精确性和客观性套在教育理论研究上，对作为研究对象的"人的活动"的偶然性、主观能动性视而不见，得出的结论竟是教育学作为一门科学，是对教育学的尊称，将教育学排除在科学的大门之外。[1]这种对教育研究的误解和偏见不仅限制了教育学的发展，也阻碍了人们对教育现象的认识和理解。

另一方面，以哲学的方法论、思维方式来指导教育理论研究，对教育研究者提出问题的方式和进行学术思考的方式产生了深远影响。例如，新中国成立以来，我国的教育理论者用马克思主义建构社会主义的教育学，各种提问方式如"教育的起源是什么""教育的本质是什么""教育的功能是什么"？[2]反映了辩证唯物主义的思维方式。这种哲学思维方式有助于教育研究者从宏观的角度审视教育现象，揭示其背后的本质和规律。同时，哲学的方法论也为教育研究者提供了独特的思考工具和分析框架，有助于深化对教育现象的认识和理解。

教育学在借用相关学科理论成果完成自身建构的过程中，需要避免简单套用相关学科的理论方法。教育研究者应该根据教育活动的特点和规律，选择合适的研究方法和理论框架，以揭示教育现象的真实本质和规律。同时，教育学也应该保持其独立性和科学性，不断发展和完善自身的理论体系，为实际教育活动提供有力的理论支持。

（二）背离教育宗旨

教育的出发点在于人才的培养。这种宗旨是教育活动开展的基石，要

---

〔1〕 参见李红绿：《论教育学在借鉴相关学科时的人本思想》，载《怀化学院学报》2009 年第 1 期。

〔2〕 参见李红绿：《论教育学在借鉴相关学科时的人本思想》，载《怀化学院学报》2009 年第 1 期。

求教育者始终尊重受教育者的"人性"。在这个过程中，我们需要警惕任何可能对人性造成扭曲和异化的教育理论和实践。

过去，行为主义心理学曾一度在教育领域风靡。该学派主张的"刺激—反应"公式，为教育者简化教学过程提供了依据，但在具体教学中却往往忽视了受教育者的主观能动性和人性需求。在这种理论指导下，学生被当作没有思想的动物，其人性在无形中被严重扭曲和异化。这种扭曲和异化不仅违背了教育的初衷，也导致了教学效果的严重下滑，可谓得不偿失。

如今，随着市场经济体制在中国的建立，各行各业都开始从经济效益的角度出发进行考察。部分学者也开始将经济学中的一些原理概念引进教育学中，甚至"别有用心"的人在经济路上走过了头，将教育视为赚钱的工具。这种教育产业化的倾向，实际上是对教育宗旨的严重背离。[1]

为了真正理解教育的宗旨，我们需要深入剖析"人性"这一概念。人性，即人的本质特性，包括人的思想、情感、价值观等方面。教育作为培养人的活动，必须尊重并满足人性的需求。这意味着教育不仅仅传授知识，更重要的是引导学生形成正确的价值观，培养其独立思考和解决问题的能力。

在当今社会，我们需要警惕那些将教育功利化的倾向。教育不是赚钱的工具，而是为社会培养合格公民的重要途径。我们应该坚持教育的宗旨，尊重受教育者的人性需求，为他们提供全面、有品质的教育。同时，我们也需要反思和调整现有的教育理论和实践。在教育中，我们应该更多地关注学生的主体性和人性需求，采用更加人性化、多样化的教学方法和手段。此外，我们还需要加强对学生思想、情感、价值观等方面的引导和教育，帮助他们形成健全的人格和正确的世界观。

教育的宗旨是为社会培养合格的公民，这需要我们始终尊重受教育者的人性需求。在这个过程中，我们需要警惕任何可能对人性造成扭曲和异

---

[1]　参见李红绿：《论教育学在借鉴相关学科时的人本思想》，载《怀化学院学报》2009 年第 1 期。

化的教育理论和实践，坚持教育的初衷和本质。只有这样，我们才能真正实现教育的目标，为社会培养出更多有品质、有思想、有能力的公民。

三、处理教育学与相关学科关系的正确策略

"教育是人类交往的一种特殊形式"，这句话所揭示的，不仅是教育的本质属性，更有深远的意义。教育，作为人类社会的一种基本活动，其根本目的在于促进个体各种素质的提升，包括知识、技能、情感态度、价值观等各个方面。这种提升并非一蹴而就，而是需要经历一个长期、复杂、动态的过程。作为一种社会交往的教育活动，教育不仅仅是知识的传递，更是人与人之间情感的交流、思想的碰撞、价值观的塑造。在这个过程中，教育者和受教育者都扮演着重要的角色，他们之间的互动、合作、对话，构成了教育活动的核心。这种交往活动，既遵循着一定的客观规律，如教育心理学、教育学原理等，又充满了许多偶然的、生成性的主观因素，如教育者的个人经验、受教育者的个体差异等。这些因素共同作用于教育活动，使得教育成为一种充满活力和创造力的动态过程。在这个过程中，人的身心各方面都得到了发展。通过知识的学习，人们不断拓展自己的认知边界；通过技能的训练，人们不断提升自己的实践能力；通过情感的交流，人们不断丰富自己的情感体验；通过思想的碰撞，人们不断深化自己的认知深度；通过价值观的塑造，人们不断明确自己的人生方向。这些发展不仅仅是量的积累，更是质的飞跃，它们共同构成了人全面而和谐的发展。因此，在教育理论研究中，我们必须时刻牢记"人"的存在。我们不能仅仅停留在对教育现象的简单描述上，更不能简单地将教育问题归结为某个单一的因素。相反，我们需要综合运用相关学科的理论原理，从多个角度、多个层面去深入剖析教育现象、解决教育问题、进行教育理论创新。只有这样，我们才能真正理解教育的本质和规律，为教育实践提供有力的理论支持和实践指导。同时，我们还需要关注到教育活动的复杂性和多样性。

（一）正视人的复杂性

1. 人具有主观能动性

人是独一无二的创造物，无法用僵化的程序或公式来界定他们的身心活动和行为模式。人与机器或其他非生命体的根本区别在于其主观能动性，这使得在教育这一塑造人的身心的过程中，充满了生成性和多样性。

随着自然科学方法的盛行，教育研究领域逐渐倾向于客观化、数量化和形式化的研究方法。这些方法为教育学带来了精确、具体和可靠的研究视角，克服了以往笼统、规范和抽象的倾向。然而，我们不能因此就简单地将教育学归结为纯粹描述事实的"经验科学"。作为一门社会科学，教育学不可避免地受到人的主观意识和价值取向的影响。

在教育研究中，研究者不仅需要寻找教育现象背后的客观规律，还要将自己的教育理念融入研究之中。这种融合了主观和客观的研究方式，使得教育学的成果更加丰富多彩，也更具有现实意义。教育活动的目的和功能，无不受到人的价值取向和主观行为的影响。因此，我们不能完全依赖自然科学方法来研究教育，还需要关注人的主观能动性和社会实践活动对教育的影响。其中，个体自身的能动性是一个关键因素。不同个体在能动性程度上存在差异，这导致了他们在学习效果上的显著差异。这种差异无法通过纯自然科学方法进行量化分析，因此，在教育研究中，我们需要充分考虑到这一点。此外，系统科学方法论为教育学带来了新的视角和思维方式。它改变了教育学的惯常话语体系，使教育研究更加深入、细致和全面。在系统科学方法论的指导下，我们可以更好地理解教育现象的复杂性和动态性，进而提出更有效的教育策略和方法。

人作为具有主观能动性的生命体，在教育过程中发挥着不可替代的作用。教育研究需要充分考虑到人的因素，将主观和客观相结合，以更全面、深入地理解教育现象。同时，我们还需要关注受教育者的个体差异和实践活动对教育的影响，以推动教育事业的健康发展。

2. 人的动态生成性

人的素质的塑造是一个动态且复杂的过程，它涉及众多内外因素的相互作用。在研究人的素质时，我们必须清醒地认识到自然科学方法的适用范围和局限性。

量化方法在教育研究中具有一定的优势和局限性。它的优势在于能够提供客观、精确的数据，使得研究结果更加具有说服力和可信度。然而，量化方法往往应用于静止不动的研究对象，教育活动中受教育者是鲜活的，他们的素质生成是动态的，因此，研究者要谨慎运用纯自然科学方法，以免陷入片面性和机械性的误区。与此同时，人的身心发展离不开环境的影响，这些情境因素包括社会、文化、心理、生理等多方面的因素，它们都会对人的素质的生成产生影响。因此，在教育研究中，我们需要关注教学情境的动态变化，以全面、深入地了解人的素质的生成过程。此外，教育教学活动总是发生在具体的时空中，当时间和空间发生变化时，也会在一定程度上影响教育活动效果，从而对教育研究的结果产生影响。因此，在进行教育研究时，我们需要考虑到这些因素的影响，以增加研究的全面性和准确性。

人的素质的塑造是一个动态、复杂的过程，需要运用多种研究方法来全面、深入地了解它的本质和规律。在教育研究中，我们需要谨慎运用纯自然科学方法，关注教学情境的动态变化，同时考虑到时空因素对教育研究的影响。只有这样，我们才能更加准确地了解人的素质的生成过程，为教育实践提供更加科学和有效的指导。为此我们可以尝试将质的研究方法与自然科学方法相结合。质的研究方法强调对研究对象进行深入、全面的描述和解释，能够揭示出量化方法所无法捕捉到的细节和内涵。通过与自然科学方法的结合，我们可以更加全面地了解人的素质的生成过程，同时提高研究的客观性和精确性。

当然，这种结合并不是简单地相加，而是需要在实践中不断探索和创新。我们需要根据具体的研究问题和研究对象，选择合适的研究方法和技术手段，以最大程度地提高研究的科学性和有效性。同时，我们也需要不断反思和总结实践经验，不断完善和改进研究方法和技术手段，以适应不断发展变化的教育实践需求。

人的素质的塑造是一个复杂而动态的过程，需要运用多种研究方法来全面、深入地了解它的本质和规律。在教育研究中，我们需要谨慎运用纯自然科学方法，关注教学情境的动态变化，同时考虑到时空因素对教育研究的影响。通过不断探索和创新研究方法，我们可以更加准确地了解人的素质的生成过程，为教育实践提供更加科学和有效的指导。

（二）以人的发展为目的

教育活动与其他社会活动的根本区别在于教育是有目的地培养人的社会活动。"培养人"是教育的最终旨归。无论是教育理念、教学方法，还是教育研究，其核心始终围绕着"人的发展"而展开。人的身心发展不仅是教育活动的出发点，更是教育活动的归宿。任何偏离这一核心的教育实践或研究，都是对教育本质的背离，都会给教育带来深重的伤害。

首先，要正视教育与经济之间的关系。教育行业在一定程度上也带有产业的性质，但教育与经济的关系并非简单的利益关系。教育应适应经济的需要，培养符合国民经济需求的人才，同时，经济也应在自身能力范围内为教育提供必要的物质支持。这种支持并非简单的资金投入，更重要的是为教育创造一个良好的发展环境，促进教育的高效发展。经济在限制教育发展规模、速度，影响人受教育水平的同时，也应该积极促进人的身心全面发展。承认教育的产业性质，并不意味着将教育视为以盈利为目的的产业部门，将受教育者视为赚钱的商品。相反，我们应该用经济学的视野来优化教育资源配置，提高教育效率，培养更多的人才。这种效率的提高必须建立在人的身心得到全面发展的基础之上，即使短期内看似与人的发展不矛盾，我们也要有长远的眼光，经得起时间的考验。

其次，在追求教育效率的过程中，我们不能忽视心理学理论的指导作用。从赫尔巴特的统觉理论到布鲁纳的结构主义，都是心理学原理在教育领域的成功应用。然而，我们也应该警惕那些可能损害人的发展的心理学原理。例如，20世纪初的行为主义心理学，虽然短期内可能提高学生的学习效率，但其忽视学生身心发展的做法，长远来看，给教育造成了巨大的损失。在教育实践中，我们应该始终坚持以人为本，关注学生的全面发展，努力提高教育效率和质量。同时，我们也应该积极借鉴心理学、经济学等其他学科的研究成果，为教育的健康发展提供有力的理论支持和实践指导。只有这样，我们才能真正实现教育的目标，培养出更多有思想、有能力、有创新精神的人才，为社会的繁荣和发展做出更大的贡献。

第二节　不同学科对教育学理论的影响

教育学作为一门独立的学科，其理论发展受到了来自多个领域的深刻影响。这些学科包括但不限于心理学、哲学、社会学、经济学、管理学以及政治学等。它们的参与不仅丰富了教育学的内涵，而且为其提供了多元化的研究视角和方法，使得教育学能够更全面地理解教育现象和问题，为教育实践提供坚实的理论支撑。

一、心理学

心理学在教育学的舞台上，扮演着一个无可替代的重要角色。它是教育理论的坚实支柱，为我们打开了一扇通往人类思维、情感和行为的深层世界的大门。通过心理学的透镜，我们能够洞察学生的学习过程，探寻他们情感的起伏，理解他们行为的动机，从而在教育实践中做出更为精准和有效的决策。

心理学的研究成果已经深入到教育的核心领域，为教育学家提供了丰富的素材和启示。它告诉我们，学生的学习不仅仅是一个认知过程，更是一个涉及情感、动机、社会互动等多个方面的复杂系统。例如，学生的情感状态对学习效果有着深远的影响。当学生感到被尊重、被理解、被支持时，他们的学习热情会高涨，学习效果也会显著提高。反之，如果学生在学习过程中感受到压力、挫败和孤独，他们的学习效果可能会大打折扣。此外，心理学还揭示了学生的学习动机对于学习效果的重要性。学习动机是推动学生学习的内在力量，它源于学生的个人兴趣、目标和价值观。教育学家在设计教学方法和策略时，需要充分考虑如何激发学生的学习动机，让他们从内心产生对学习的热爱和追求。

心理学的研究成果不仅帮助我们更好地理解学生的内心世界，还为教育质量的提高提供了有力的支持。通过运用心理学原理，教育学家可以设计出更符合学生需求的教学方法和策略，从而提高学生的学习效果和学习满意度。这不仅有助于学生的个人发展，也为社会的进步和发展作出了积极的贡献。心理学在教育学中的应用和研究，为我们提供了一个全新的视角来审视和理解教育问题。它不仅丰富了我们的教育理论，也为教育实践提供了宝贵的指导和支持。在未来的教育发展中，我们期待心理学能够发挥更大的作用，为教育质量的提高贡献更多的智慧和力量。

二、哲学

哲学，作为人类智慧的结晶，为教育学提供了对教育价值、教育目的等根本问题的深入思考。通过哲学家们对教育现象的剖析，我们能够挖掘出教育的内在价值和意义，进一步为教育实践提供更高层次的思想引领。

哲学对于教育价值的探索，让我们对教育有了更深刻的理解。教育不仅仅是传授知识，更是培养人的品格、塑造人的灵魂。哲学家们强调教育的内在价值，认为教育应当引导人们追求真理、善良和美好，而不仅仅是追求功利和物质利益。这种对教育价值的深入思考，使我们在教育实践中更加注重培养学生的综合素质，关注他们的精神成长和人格完善。

哲学对于教育目的的探讨，为我们指明了教育的方向。教育的目的是什么？是为了让学生掌握知识，还是为了培养他们的能力？哲学家们认为，教育的目的应该是培养具有独立思考能力、创新精神和实践能力的人。这种教育目的观，使我们在教育实践中更加注重学生的主体性，鼓励他们积极参与、主动探索，从而培养他们的创新能力和实践能力。此外，哲学的批判性思维也为教育学的反思和创新提供了动力。哲学家们善于运用批判性思维，对教育现象进行深入的剖析和反思。他们不满足于现有的教育理论，而是不断寻求新的思想和方法，推动教育理论的不断创新和发展。这种批判性思维，也鼓励教育学家们不断反思自己的教育实践，从而发现问题、解决问题，推动教育事业的进步。

哲学为教育学提供了对教育价值、教育目的等根本问题的深入思考。哲学家们对教育现象的剖析，使我们能够挖掘出教育的内在价值和意义，为教育实践提供了更高的思想引领。同时，哲学的批判性思维也鼓励教育学家不断反思和创新，从而推动教育理论的不断发展。因此，我们应该更加重视哲学在教育学中的地位和作用，充分发挥其思想引领作用，为培养更多优秀人才贡献智慧和力量。

通过哲学的思考，我们可以更加清晰地认识到教育的本质和目的，从而在教育实践中更加注重学生的全面发展。同时，哲学的批判性思维也有助于我们审视现有的教育理论和实践，发现其中的不足和问题，进而提出改进措施和创新思路。在未来的教育发展中，我们应该继续发挥哲学的引领作用，推动教育学不断向前发展，为人类的进步和发展做出更大的贡献。

三、社会学

在深入研究教育与社会的互动关系后，社会学为我们揭示了教育在社会发展中的重要地位和作用。这一学科不仅关注知识的传递，更重视教育在社会文化传承和创新中的核心作用。通过社会学的视角，我们能够更全面地理解教育的多维功能，为教育实践提供更广阔的视野和更丰富的思路。

教育作为知识的传递过程，在社会发展中扮演着至关重要的角色。通过教育，人们能够获取各种知识和技能，为社会的进步和发展提供源源不断的动力。教育不仅帮助个体实现自我价值的提升，还为社会培养了大量具备专业素养和创新能力的人才。这些人才在各个领域发挥着自己的专长，推动着社会的科技进步、经济发展和文化繁荣。

教育在社会文化传承中发挥着举足轻重的作用。通过教育，我们可以将一代代人积累的智慧、价值观、信仰等传递给下一代，使社会文化得以传承和发展。教育在传递文化的过程中，不仅保留了传统文化的精髓，还鼓励个体在继承的基础上进行创新，推动社会文化的不断发展和进步。此外，教育还具有创新功能，能够推动社会的变革和进步。在教育过程中，个体通过接触新知识、新思想和新技能，激发出创新的火花。这些创新思想和技能在社会中传播和应用，为社会的科技进步、经济发展和社会变革提供了强大的动力。教育的创新功能使得社会能够在不断变化和发展的环境中保持活力和竞争力。

社会学对教育与社会的互动关系的研究使我们更加深入地理解了教育在社会发展中的重要地位和作用。教育不仅是知识的传递，更是社会文化的传承和创新。通过关注教育的社会功能，我们能够为教育实践提供更广阔的视野和更丰富的思路，推动社会的持续发展和进步。

四、经济学

经济学，作为一门研究资源分配与利用的社会科学，为我们提供了独特的视角来审视教育领域的资源配置问题。在经济学的影响下，教育学逐渐开始关注教育的投入产出比，思考如何更有效地利用有限的教育资源，以实现教育效益的最大化。这种跨学科的融合不仅有助于优化教育实践，还为教育政策的制定提供了重要的参考。

经济学的资源稀缺性原则让我们意识到教育资源是有限的。因此，在分配教育资源时，需要充分考虑其使用效率和效益。例如，在教育资金的分配上，我们可以根据各地区的经济发展状况、教育需求和教育资源现状等因素，进行科学合理的分配，确保教育资源能够流向最需要的地方。

经济学中的供需关系理论也为教育资源的配置提供了指导。在教育领域，供给方包括学校、教师、教材等资源，需求方则是广大学生和家长。供需关系的不平衡往往会导致教育资源的浪费和短缺。因此，我们可以通过分析供需关系，合理调整教育资源的配置，以满足不同地区和群体的教育需求。此外，经济学中的成本效益分析也为教育决策提供了有力支持。在教育政策的制定过程中，我们可以运用成本效益分析的方法，评估不同政策方案的成本和效益，从而选择出最优的方案。这有助于确保教育政策的科学性和合理性，实现教育资源的最大化利用。

经济学为教育资源配置和利用提供了宝贵的见解和指导。通过关注教育的投入产出比、分析供需关系以及运用成本效益分析等方法，我们可以更有效地利用有限的教育资源，实现教育效益的最大化。这不仅有助于优化教育实践，还为教育政策的制定提供了重要的参考。在未来的教育发展中，我们应该继续加强经济学与教育学的交叉融合，推动教育领域的持续创新和发展。

五、管理学

管理学是一门深入探索组织与管理理论与实践的学科，尤其在教育领域，它扮演着至关重要的角色。教育学，作为研究教育现象、揭示教育规律、指导教育实践的科学，与管理学的结合，为教育领域的组织和管理提供了坚实的理论基础和实践指导。

管理学为教育学带来了丰富的管理知识和经验，帮助教育学家深入理解和应对教育实践中的各种管理挑战。这些管理问题包括但不限于课程规划、师资管理、教育资源分配、学校行政、教学质量监控等方面。通过管理学的视角和方法，教育学家可以更加全面、系统地分析这些问题，找到切实可行的解决方案。

管理学的参与使教育学更加关注教育的组织和管理层面。在传统观念中，教育学主要关注教学内容、方法和效果，而管理学的引入使得教育学家开始重视教育组织内部的结构、流程、制度和文化等因素。同时，管理学为教育实践提供了更加系统和科学的管理方法。这些方法包括项目管理、质量管理、人力资源管理、风险管理等，可以帮助教育学家更好地规划、执行和评估教育活动。例如，在教育项目管理中，可以运用项目管理的理论和方法，对教育项目的目标、计划、资源、风险等进行全面管理，确保项目的顺利实施和目标的达成。

管理学与教育学的结合，为教育实践提供了更加全面、系统和科学的管理方法和理论支持。这不仅有助于解决教育实践中的管理问题，提高教育质量和效率，还有助于推动教育领域的创新和发展。未来，随着管理学和教育学的不断融合和发展，相信我们会在教育实践中看到更多管理学理论的应用和实践成果的出现。

　　不同学科对教育学理论的贡献和影响是多方面的。这些学科的研究成果为教育学提供了丰富的理论资源和研究视角，使得教育学能够更好地服务于教育实践提高教育质量。未来随着多学科交叉融合的趋势不断加强、教育学理论的发展，将为教育实践提供更加全面和深入、更加坚实的理论支撑。

第三节　跨学科研究在教育学理论发展中的意义

一、跨学科研究的天然优势

　　教育学是一门研究人类教育活动及其规律的学科，而教育现象却遍布于各个领域，这种广泛性和普适性使得学科交叉融合成为教育学不可或缺的一部分。教育学作为一门综合性学科，需要借鉴和吸收其他学科的理论和方法，以更全面地研究和理解教育的本质和规律。通过与其他学科的交叉融合，教育学能够更深入地挖掘教育现象背后的深层次原因，更全面地揭示教育活动的内在规律，从而为其学科发展奠定更为坚实的基础。传统的教育学研究往往局限于学科内部，缺乏跨学科的视野和思路。而学科交叉融合则能够打破这种局限，促进不同学科之间的交流和融合，从而产生新的研究思路和方法。例如，社会学、经济学、心理学等学科的研究方法和理论可以为教育学提供新的视角和思路，推动教育研究的深入发展。同时，这种交叉融合也能够促进教育理论的创新和发展，推动教育学向更加科学和全面的方向发展。通过与其他学科的交叉融合，教育学能够更全面地研究和理解教育现象，推动理论创新和实践发展，实现学科的共同进步和繁荣。因此，我们应该积极推动学科交叉融合的发展，为教育学和其他学科的进步和发展注入新的活力和动力。

（一）调和学科关系

在 21 世纪这个知识爆炸的时代，随着科技的迅猛发展和全球化的深入推进，学科的交叉与融合已成为大势所趋。在这样的背景下，教育学的重要性愈发凸显。它不仅仅局限于对教育本身的研究，更扮演着连接大学内各学科的桥梁角色，为学科间的交流与融合提供了坚实的支撑。

教育学对于促进学科间的有效沟通和互动起着至关重要的作用，在这个多元化、跨学科的时代，单一学科的研究往往难以解决复杂多变的问题。因此，需要不同学科之间进行深入的合作与交流。而教育学正是这样一个能够调和、整合各学科的领域，它通过研究教育的本质、目的和方法，帮助各学科找到共同点，消除分歧和误解，推动跨学科的协作与融合。

教育学在大学的管理和决策中发挥着不可替代的作用，大学的运作和发展涉及众多学科的需求和利益，如何平衡各方利益，确保大学的和谐运作和持续创新，是摆在决策者面前的一大难题。而教育学通过研究教育的宏观规律和学科的交互机制，能够为决策者提供一个全面的、宏观的视角，使他们能够更加清晰地看到大学的整体发展方向，制定出更加科学合理的决策。此外，教育学还能够为大学的教学和人才培养提供指导。随着社会的快速发展和变革，人才的培养模式也需要不断地更新和调整。教育学通过研究教育的本质和规律，能够为大学的教学改革和人才培养提供理论支持和实践指导，确保大学的教学质量和人才培养质量不断提升。

（二）推动学科交汇

当代跨学科研究的重要性日益凸显。随着科技的不断进步和全球化的深入发展，许多社会问题变得日益复杂，单一学科的知识和方法往往难以应对。因此，跨学科研究成为推动创新的关键。在这一背景下，教育学以其独特的整合性特点，成为众多学术领域中的核心节点。以环境保护为例，土地沙漠化、温室效应等问题的解决需要生物学、化学、社会学等多学科的共同合作。而教育学在这里就扮演了一个协调员的角色，通过其独特的整合性思维和方法，确保各学科在合作过程中能够有效沟通，共同寻找解决方案。这种整合性的优势使得教育学在解决复杂问题时更具成效。

除了在跨学科研究中的独特作用外，教育学本身也涵盖了广泛的内容。它不仅关注学术知识的传授，还涉及教育管理、学术伦理、学习心理等多个层面。这使得教育学在教育实践中发挥着至关重要的作用。通过深入研究教育学的理论和实践，教育者可以更好地理解学生的需求和发展规律，从而制定更加科学、合理的教学方案。此外，教育学在推动社会进步和发展方面也发挥着重要作用。随着知识经济的到来，人才的培养和发展成为国家竞争力的关键。而教育学作为研究人才培养的学科，其研究成果和理念对于提高教育质量、培养创新型人才具有重要意义。通过深入研究教育学的理论和实践，我们可以更好地了解教育的本质和规律，从而为社会培养出更多优秀的人才。

教育学作为一个整合性强的学科，在跨学科研究、教育实践和社会进步等方面都发挥着重要作用。在未来的发展中，我们应该进一步加强教育学的研究和应用，推动教育学与其他学科的深度融合，为解决复杂的社会问题提供更多有效的思路和方法。

（三）促进资源共享

教育学涉及众多议题，从教育理念、教育方法，到教育管理和策略，这些议题的研究往往需要融合不同学科的知识与技能。为了更深入地探索这些议题，教育学需要主动开放自己的资源库，邀请其他学科的学者共同参与研究。这种跨学科的交流为教育学带来了新的研究视角和方法，同时也为参与的学科提供了新的发展机会。

资源的开放与共享有助于构建一个广泛、多元的学术社群。在这个社群中，研究者们可以轻松地找到志同道合的伙伴，共同开展合作研究。同时，他们也能获取到更丰富的研究材料和数据，为自己的研究提供有力支持。这种跨学科的合作不仅推动了单一学科的研究深度，还拓宽了学术研究的广度，使得研究结果更为全面和具有创新性。此外，共享的资源还为教育者和学者们提供了更多的学习和发展机会。他们可以通过这些共享的资源进行交流、学习，从而在自己的学术领域内取得更大的突破。这种学术交流不仅提升了教育学和其他学科的研究水平，促进了跨学科合作的广度与深度，也为整个学术界注入了新的活力。

二、跨学科研究的发展实践

（一）创新组织机构，为交叉融合提供专门的组织空间和物理空间

在追求教育学与其他学科的深度交叉融合过程中，组织机构的创新显得尤为关键。这种创新不仅关乎形式，更关乎实质，旨在打破固有的学科壁垒，为交叉研究提供肥沃的土壤。

首先，我们必须认识到研究中心在推动跨学科研究中的重要作用。相较于传统的学术组织架构，研究中心以其灵活性和集约性，成为吸引多学科研究者集结的磁场。这种组织形式不仅促进了研究者之间的深度交流与合作，更为解决复杂问题提供了跨学科的视角和方法。在教育学领域，我们可以借鉴其他领域的成功经验，如设立"区域教育研究中心"，专注研究不同区域内的教育发展特点和问题；或设立"大学治理研究中心"，深入探讨学校的管理与运行机制。[1]这些跨学科中心不仅关注学术问题，更致力于解决实践中的难题，将学术研究与实际工作相结合。此外，我们还应该关注传统学术机构，如教育研究所的转型与升级。这些机构在长期的发展过程中积累了丰富的经验和资源，是推动教育学发展的重要力量。在新的学术背景下，这些机构指定的制度可以更加灵活，鼓励机构中研究者流动，加强不同机构人员的互动和交流，为教育学的交叉融合贡献更多的智慧和力量。

值得注意的是，组织机构的创新并非一蹴而就的过程，需要我们在实践中不断探索和完善。我们应该充分利用已有的资源和优势，同时勇于开拓、创新，通过深化组织机构的创新，我们不仅能够打破学科壁垒，促进教育学与其他学科的交叉融合，还能够推动学术研究的深入发展，提升教

---

[1] 参见张祎勐：《基于交叉融合的高等教育学学科发展策略研究》，载《学周刊》2024 年第 7 期。

育学的社会影响力。这一过程需要我们不断探索和实践，为教育学的发展注入新的活力和动力。

（二）坚持问题导向，全面推动相关学科之间的深入交流与融合

社会的发展使教育面临着前所未有的挑战与机遇。教育不仅承担着传递知识的重任，更是塑造未来社会公民的摇篮。因此，教育发展进程中需要不断解决新的问题，其中包括教育内容的现代化、学生的心理与职业发展、学术资源的合理配置等。

教育内容的现代化意味着教育需要紧跟时代的步伐，将最新的科技、文化和社会现象融入课堂，使学生在学习的同时，也能够适应未来的社会发展。这需要教育者不断更新知识库，与相关行业和专业人士保持密切联系，以确保教育内容的时效性和实用性。教育方式的创新则是对传统教育模式的挑战和超越。传统的"填鸭式"教学已经无法满足现代学生的需求，教育需要更加注重学生的个体差异和主动性。例如，通过问题导向式学习、翻转课堂等新型教学方式，在现代信息技术的应用中提高学生课堂参与度，培养个人的自主学习和团队合作能力。

学生的心理与职业发展也是教育发展中不可忽视的方面。在快节奏的社会中，学生面临着巨大的心理压力和就业竞争。因此，教育需要关注学生的心理健康，提供必要的心理辅导和支持。同时，教育也需要与职业市场保持紧密联系，为学生提供有效的职业规划和就业指导。学术资源的合理配置是确保教育质量的关键。教育发展需要充分利用各种学术资源，包括教材、教学设备、研究资金等。通过优化资源配置，可以提高教育效率，为学生提供更好的学习环境和条件。此外，教育与社会经济发展的对接也是教育发展的重要方向，中国经济迅速发展的今天，学校教育也要重视培养具有创新精神和实践能力的人才。同时，教育也需要关注社会经济发展的趋势，及时调整教育策略和方向。

通过跨学科的交流和合作，可以催生新的思维、理论和方法的诞生，为解决教育中的综合性问题提供思路和方法。首先，不同学科的研究者之间达成共识。在跨学科研究之初，教育研究者就要针对研究的主题、内容

和预期结果达成共识，确保研究者们对研究内容的目标有清晰的认识。通过充分的沟通和交流，可以建立起一个共同的研究框架和合作机制，为后续的研究工作奠定坚实的基础。其次，共享通用术语。由于所学专业不同，研究者们在分析方法、思维模式等方面存在较大的差异，因此可以通过组织形成共享的学术语言和分析方法，这可以通过组织跨学科活动、研讨会和沙龙等方式实现。在这些活动中，研究者可以分享彼此的研究经验和方法，学习和借鉴其他学科的优秀成果和实践经验。同时，也可以通过讨论和交流，形成一些通用的术语和分析框架，使得团队成员能够更加有效地沟通和合作。

应对和解决教育中的综合性问题需要我们从多个角度进行思考和探索。通过坚守问题导向的策略、加强跨学科的交流和合作，以及形成共享的学术语言和分析方法等措施，我们可以进一步促进学科间的深入交流与融合，更好地应对和解决教育中的综合性问题。这将有助于推动教育事业的持续发展和进步，为培养更多优秀的人才做出积极的贡献。

（三）培养复合人才，给学生提供接触教育实践问题的机会

时代的发展对人才有了新的需求，单一学科型向复合型、跨学科的高层次研究和管理人才是转变的主要标志。人才的培养是教育的根本任务。跨学科教育的基本路径成为教育学人才培养的核心，这一趋势并非仅仅是学术界的跟风，更是应对未来教育挑战的必然选择。为了实现这一目标，教育机构需要采取一系列的创新措施。一方面，吸引具有跨学科背景的生源，为学生群体注入新的活力与思想；另一方面，构建跨学科的课程体系，使学生在学习过程中能够接触到多元化的知识与视角。在这一过程中，要坚持以学生为中心的教育理念，发挥学生的主体作用，鼓励学生结合自己的学科背景和兴趣，提出与教育实践紧密相关的应用性问题。以问题为导向的学习方式，能够培养学生对问题的敏感性和应对能力，在解决问题的过程中能够将所学知识有效应用。学校同时可以组织多样化的学习研究活动，为学生发展跨学科能力和提高综合素质提供机会。只有紧跟时代步伐，不断创新教育模式和方法，我们才能培养出更多适应未来社会需

求的优秀人才，为教育事业的繁荣和发展贡献力量。

（四）加强师资建设，有效解决一线教师专业知识背景单一化问题

在知识爆炸的时代，教育的边界正在逐渐模糊，而学科之间的交叉融合正成为推动教育创新的重要力量。特别是教育学，作为研究教育现象、揭示教育规律的学科，与其他学科的交叉融合更是显得尤为关键。这种融合不仅有助于解决师资队伍中知识背景单一化的问题，更能为教育学的发展注入新的活力。

为了推动学科交叉融合，学校管理层面的人事制度创新显得尤为关键。学科交叉融合不仅有助于拓宽研究视野，激发创新思维，还是培养复合型人才的重要途径。因此，借鉴国际先进经验，探索符合国情的跨学科聘任计划，对提升我国教育水平和创新能力具有重大意义。

在国际上，一些知名大学如威斯康星大学麦迪逊分校和杜克大学，已经成功实施了跨学科聘任计划。这些计划为来自不同学科背景的教师提供了合作与交流的平台，有效促进了学科之间的深度融合。例如，威斯康星大学麦迪逊分校设立了跨学科研究中心，鼓励教师打破学科壁垒，共同开展研究项目。这种模式不仅提高了研究质量，还培养了一批具有跨学科视野的优秀人才。借鉴这些国际先进经验，国内学校应积极调整人事制度，为研究人员创造更多跨学科合作与交流的机会。首先，学校应打破传统的人事管理模式，鼓励教师参与跨学科研究项目，拓宽研究领域。同时，建立跨学科研究团队，汇聚不同学科领域的专家，共同攻克科研难题。为了支持学科交叉融合，学校应建立相应的人事管理制度。例如，设立跨学科职称，认可教师在跨学科研究方面的成果和贡献。此外，完善绩效评价制度，将跨学科研究成果纳入评价体系，激发教师参与跨学科研究的积极性。同时，实施专兼职结合的人员聘用制度，吸引更多优秀人才参与跨学科研究。为了保障学科交叉融合的顺利进行，学校还应提供充足的经费支持和资源保障。加大对跨学科研究项目的投入，为研究人员提供良好的实验条件和科研环境。同时，加强与国际知名大学和科研机构的合作与交流，引进先进的研究理念和技术手段，提升我国学科交叉融合的整体水

平。推进学科交叉融合需要学校管理层面进行深刻的人事制度创新。通过借鉴国际先进经验、调整人事制度、建立支持学科交叉融合的人事管理制度以及提供充足的经费支持和资源保障等措施，可以有效促进学科之间的深度融合，提升我国教育水平和创新能力。同时，这也有助于培养更多具有跨学科视野的优秀人才，为我国经济社会发展提供有力支撑。

教育研究院等研究机构在推动学科交叉融合中发挥着至关重要的作用。随着科技的飞速发展和知识的不断更新，单一的学科已经难以满足社会对人才需求的多样化。因此，促进学科之间的交叉融合成为教育领域的重要议题。为了实现这一目标，教育研究院等机构应当积极引进其他相关学科的人才，形成一个多元化的学术团队。通过实施双聘制度等机制，能够吸引更多领域的专家学者共同参与研究工作。这种跨学科的合作不仅可以促进不同学科之间的深度合作，还能在交流和碰撞中激发新的科研思路和方法。同时，为了加强学科交叉融合，研究机构还需要建立更为灵活的管理制度。传统的学科界限往往限制了师生的学术视野和合作机会，因此，打破门户之见，实现真正的学术交流与合作至关重要。通过建立开放、包容的学术氛围，鼓励师生积极参与跨学科研究和学习，不仅可以拓宽学术视野，还能培养具备跨学科素养的复合型人才。此外，教育研究院等机构还可以通过举办跨学科研讨会、设立跨学科研究项目等方式，为师生提供更多的学术交流与合作机会。这些活动不仅能够促进不同学科之间的对话与合作，还能为师生提供展示研究成果的平台，推动学科交叉融合向更深层次发展。教育研究院等研究机构在推动学科交叉融合中发挥着不可或缺的作用。通过积极引进人才、加强跨学科学术团队建设、实施灵活的管理制度以及举办学术活动等措施，能够促进不同学科之间的深度合作与交流，为培养具备跨学科素养的复合型人才做出重要贡献。

在学科交叉融合的大背景下，教师个体的角色显得尤为重要。他们不仅是知识的传递者，更是学术探索的引领者和实践者。为了应对日益复杂多变的教育环境，教师们必须打破传统学科之间的界限，积极寻求跨学科的融合与合作。这种跨学科的视野不仅有助于他们拓宽教学思路，还能为学术研究注入新的活力。当然，跨学科合作并不意味着教师需要成为每个领域的专家。相反，这种合作更强调的是教师在各自的专业领域内，培养起一种跨学科研究的思维模式。这种思维模式强调从多个角度和层面去看待问题，鼓励教师们跳出传统的思维框架，以全新的视角去审视和解决问题。以教育学为例，教育学教师在研究教育心理学时，可以尝试与认知神经科学领域的专家进行合作。这种合作不仅能为教育学教师提供新的研究视角，还能带来创新的研究方法和技术。通过共同研究学习与大脑活动之间的关系，教育学教师可以更深入地理解学生的心理活动，从而更有效地指导教学实践。除了教育学与认知神经科学的合作外，跨学科合作还可以涉及更广泛的领域。例如，物理教师可以与计算机科学家合作，共同探索虚拟现实技术在物理教学中的应用；历史教师可以与地理教师合作，从地理视角去解读历史事件的发生和发展。这些跨学科的合作模式，不仅可以丰富教学内容，提高学生的学习兴趣，还能培养出一批具备跨学科视野和创新能力的优秀学生。在跨学科合作的过程中，教师们还需要树立起合作协同的理念。这种理念强调团队成员之间的相互尊重、信任和支持，是跨学科合作取得成功的重要保障。只有建立起良好的合作关系，教师们才能充分发挥各自的专业优势，共同推动学科交叉融合的发展。教师在学科交叉融合中扮演着举足轻重的角色。通过跨学科的合作与协同，教师们可以共同推动教育领域的创新与发展，培养出更多具备跨学科视野和创新能力的优秀人才。

　　跨学科师资团队的建设离不开强有力的领导者。选择具备深厚学术功底、宽广跨学科视野以及出色协调和管理能力的领导者，是确保学科交叉融合工作顺利进行的关键。例如，某大学的跨学科教育研究团队聘请了一位既擅长教育心理学又对计算机科学和社会学有深入了解的学者担任团队领导。这位领导者不仅在自己的专业领域有着出色的学术成就，还能有效促进团队中不同学科研究者之间的沟通与合作，确保研究方向的统一和研究工作的顺利进展。[1]推进教育学与其他学科的交叉融合是一项系统工

---

　　[1]　参见张祎勐：《基于交叉融合的高等教育学学科发展策略研究》，载《学周刊》2024年第7期。

程，需要学校、研究机构、教师以及领导者等多方面的共同努力。只有这样，我们才能构建出更加全面、开放、创新的教育体系，培养出适应未来社会发展的全面人才。

第六章

文化维度：教育学理论的跨文化研究

第一节　教育学理论在全球化背景下的跨文化研究

一、提供了广阔的舞台

全球化如同一座宏伟的桥梁，将世界各地的教育实践者和学者紧密地联系在一起，为教育学的跨文化研究搭建了一个无比广阔的舞台。在这个舞台上，来自不同文化背景的人们有机会相互碰撞、交流，分享他们独特的教育理念、教学方法和研究成果。这种跨文化的交流，如同一场精彩纷呈的交响乐，奏响了教育学理论创新的华彩乐章。

随着全球化的推进，世界各地的教育实践者和学者得以跨越国界，参与各种学术研讨会、教育论坛和合作项目。他们带着各自的文化烙印，将不同的教育观点、教学方法和研究成果带到这个舞台上，进行深入的探讨和交流。这种交流不仅增进了彼此之间的了解和尊重，还激发了对教育学理论创新的思考和追求。

跨文化的研究让我们认识到教育的多样性和丰富性，每个国家和民族都有其独特的教育传统和理念，这些传统和理念在全球化的大背景下得以相互碰撞、交流，为我们提供了更广阔的视野和更丰富的教育资源。例如，中国的传统教育注重德育和礼仪，而西方的教育则更加注重创新和批判性思维。这种多样性的碰撞和交流，有助于我们打破固有的思维模式，为教育学理论创新提供更多的可能性。

跨文化的研究也让我们意识到教育的共性和普遍性，尽管不同文化背景下的教育存在诸多差异，但也有一些基本的教育原则和理念是共通的。例如，无论在哪个国家或地区，教育都承载着培养下一代的重任，都强调知识的传承和创新能力的培养。这种共性的认识有助于我们在跨文化交流中寻求共同点，推动教育学理论的创新和发展。此外，跨文化的研究还为我们提供了丰富的实证数据和案例支持。通过对不同文化背景下的教育实践进行深入研究和分析，我们可以发现一些普遍存在的教育问题和挑战，以及针对不同问题的有效解决方案。这些实证数据和案例支持不仅有助于我们验证和丰富教育学理论，还为我们在实践中提供了宝贵的参考和借鉴。

全球化为教育学的跨文化研究提供了难得的机遇和广阔的舞台。在这个舞台上，来自不同文化背景的教育实践者和学者得以相互碰撞、交流，分享他们的教育理念、教学方法和研究成果。这种跨文化的交流不仅增进了彼此的了解和尊重，也为教育学理论的创新提供了源源不断的动力。我们应该珍惜这个机遇，充分利用这个舞台，推动教育学理论的创新和发展，为人类的教育事业做出更大的贡献。

二、更具包容性和普适性

在全球化的浪潮中，教育的边界逐渐模糊，不再是某一地区或某一文化的专属产物，而是逐渐演变为一个全球性的议题。这种趋势促使我们超越传统的地域和文化限制，以更广阔的视野去审视和探讨教育问题。在这样的背景下，跨文化研究显得尤为重要，它不仅有助于我们更全面地了解不同文化背景下的教育问题，更能够推动构建更具包容性和普适性的教育学理论。

跨文化研究为我们打开了一扇窗，让我们能够窥见不同文化中的教育现象。通过对比和分析不同文化背景下的教育实践、教育政策、教育价值观等，我们可以发现其中的共性和差异，进而理解教育的多元性和复杂性。这种跨文化的视角有助于我们摆脱单一文化的束缚，以更加开放和包容的心态去接纳和理解不同的教育方式和理念。

　　跨文化研究为构建更具包容性和普适性的教育学理论提供了重要支撑，传统的教育学理论往往局限于某一文化或地域，难以适应全球化的需求。而通过跨文化研究，我们可以汲取不同文化中的教育智慧，整合各种教育资源，形成更具普适性的教育学理论。这样的理论不仅能够满足不同文化背景下的教育需求，还能够促进全球教育的交流与合作，推动教育的共同进步。此外，跨文化研究还能够帮助我们更好地应对全球化带来的教育挑战。随着全球化的深入发展，教育面临着诸多新的挑战，如教育资源的分配不均、教育质量的参差不齐、教育公平的实现等。通过跨文化研究，我们可以借鉴其他文化中的成功经验，寻找解决问题的有效途径，为应对这些挑战提供有益的参考。

　　全球化背景下的跨文化研究对于构建更具包容性和普适性的教育学理论具有重要意义。它不仅有助于我们更全面地了解不同文化背景下的教育问题，还能够为应对全球化带来的教育挑战提供有益的思路和方法。在未来的教育研究中，我们应该进一步加强对跨文化研究的重视和实践，推动全球教育的共同进步。

三、应对全球化带来的教育挑战

　　文化的多元性、教育公平性的追求以及技术革新的快速推进，都使得教育领域需要更加开放和包容的视角来应对这些变革。而跨文化研究，正是一种能够为我们提供这种视角的重要工具。

　　全球化带来的文化多样性对教育产生了深远的影响。在这个多元文化的世界中，学生和教育者都来自不同的文化背景，他们各自拥有独特的价值观、信仰和习惯。如何在这种多样性的背景下实现有效的教育，成为一个亟待解决的问题。而跨文化研究，通过对不同文化背景下的教育模式和策略进行深入探讨，为我们提供了宝贵的经验和启示。比如，某些文化可能更强调集体合作，而另一些文化则更注重个人竞争。了解这些差异，可以帮助教育者更好地适应学生的文化背景，提升教育效果。

　　跨文化研究也有助于我们探讨和解决教育公平性问题。在全球化的过程中，资源分配不均、地区差异等问题使得教育公平成为一个重要的议题。通过跨文化研究，我们可以比较不同国家和地区的教育政策和实践，发现那些能够有效促进教育公平的策略和方法。例如，某些国家和地区可能通过政府补贴、教育资源均衡分配等方式来缩小教育差距，这些经验可以为其他国家和地区提供有益的参考。此外，随着技术的发展，远程教育、在线教育等新型教育形式正在迅速崛起。这种变化使得教育不再局限于传统的课堂和学校，而是变得更加灵活和开放。跨文化研究可以帮助我们了解这些新型教育形式在不同文化背景下的应用和发展情况，从而为我们提供有益的借鉴和启示。

　　跨文化研究在应对全球化带来的教育挑战中发挥着重要的作用。它不仅能够帮助我们深入了解不同文化背景下的教育应对策略，还能够为我们提供有益的启示和借鉴。在未来的教育发展中，我们应该更加重视跨文化研究的作用，推动教育领域的全球交流与合作，共同应对全球化带来的挑战。

　　在跨文化研究的过程中，我们还需要关注一些重要的方面。首先，我们需要保持客观和尊重的态度，避免对任何一种文化进行歧视或偏见。每种文化都有其独特的价值和魅力，我们应该以平等的心态去理解和欣赏它们。其次，我们需要注重数据的真实性和可靠性，避免因为信息的不准确而导致错误的结论。只有建立在真实可靠的数据基础上的研究，才能够为我们提供有价值的参考。跨文化研究是应对全球化带来的教育挑战的重要途径之一。通过深入了解不同文化背景下的教育应对策略和实践经验，我们可以为教育领域的改革和发展提供有益的启示和借鉴。在未来的教育发展中，我们应该更加重视跨文化研究的作用，推动全球范围内的教育交流与合作，共同为构建更加公平、包容和开放的教育环境而努力。

第二节　不同文化对教育学理论的影响

　　不同文化对教育学理论的塑造和影响是一个复杂而多元的话题，涉及全球范围内的文化多样性。在这个问题上，不同的文化背景和价值观念对教育学理论的形成和发展产生了深远的影响。这种影响不仅体现在教育目标、教育方法和教育评价等方面，还深入到教育者的思维方式和教育实践中。

一、对教育目标的影响

在西方文化中，个人主义和自我实现是两大核心理念。这种文化背景下的教育学理论倾向于强调学生的个人发展、自主性和创造力。例如，在美国，许多教育方法和策略都致力于激发学生的独立思考能力和创新精神。这种教育目标体现了对个体潜能的充分信任和尊重，鼓励学生追求自我实现，成为具有独特个性和创造力的人。然而，在东方文化中，集体主义和尊重权威则占据主导地位。这种文化背景下的教育学理论更注重培养学生的集体精神、道德修养和社会责任感。以中国为例，传统教育强调"德育为先"，注重培养学生的品德修养和人文精神。这种教育目标体现了对集体利益的重视和对权威的尊重，旨在培养具有社会责任感和集体荣誉感的公民。

这些不同的文化背景导致了教育目标的多样化，使得教育学理论更加丰富和多元。这种多样性不仅有助于我们更全面地理解教育的本质和功能，也为我们提供了更多的教育方法和策略选择。此外，值得注意的是，随着全球化的推进和跨文化交流的增多，教育目标的多样性也呈现出一种融合的趋势。越来越多的教育者开始关注跨文化教育，致力于培养具有国际视野和跨文化交流能力的人才。这种趋势使得教育学理论更加开放和包容，为我们提供了一个更加广阔的教育发展空间。文化背景对教育目标的影响是显著的。不同的文化背景导致了教育目标的多样化，使得教育学理论更加丰富和多元。同时，随着全球化的推进和跨文化交流的增多，教育目标的多样性也呈现出一种融合的趋势。这种趋势为我们提供了一个更加开放和包容的教育发展空间，有助于我们更好地应对未来的教育挑战。

二、对教育方法和教育实践的影响

在深入探索教育学的多元面貌时，我们不得不提及价值观念对教育方法和教育实践所产生的深远影响。价值观念，作为社会文化的核心组成部分，塑造了一个民族或群体的思维方式、行为模式和认知结构，从而进一步影响了教育体系的设计和运作。

让我们先来看一下，价值观念如何影响教育方法的选择。在重视教师主导地位的文化背景下，教育方法往往侧重于知识的传授和灌输。这种模式下，教师扮演着知识传递者的角色，而学生则被视为知识的接收者。例如，在东亚的一些国家和地区，如中国和韩国，这种"教师中心"的教育模式非常普遍。在这些地方，教师通常会用讲授和板书的方式，系统地传授学科知识，而学生则需要通过记忆和练习来掌握知识。然而，在其他一些文化中，价值观念则更加强调学生的主动参与与知识的建构，学生不再是被动地接受，教师的作用转变为学习过程的引导者和协作者。例如，在西方的一些国家和地区，如美国和英国，这种"学生中心"的教育模式得到了广泛的实践。在这些地方，课堂讨论、小组合作和项目研究等互动性的学习方式被广泛应用，旨在激发学生的学习兴趣和创造力。这两种不同的教育模式并无优劣之分，而是基于不同的价值观念和文化传统的选择。它们各有优势，也各有适用场景。例如，"教师中心"的教育模式在传授系统知识方面具有较高的效率，而"学生中心"的教育模式则在培养学生的批判性思维、创新能力和团队协作能力方面具有显著优势。

此外，不同的价值观念也导致了教育实践中的多样性。例如，在一些文化中，重视纪律和服从，强调学生对教师权威的尊重；而在另一些文化中，则更加注重学生的自由度和个性发展，鼓励学生表达自己的观点和想法。这些不同的教育实践方式，不仅反映了不同的价值观念，也影响了学生的成长和发展。价值观念对教育方法和教育实践的影响是深远而复杂的。它们不仅塑造了教育体系的基本框架和运作方式，也决定了教育目标、教育内容和教育方式的选择。因此，在探讨教育学理论时，我们必须充分考虑价值观念这一关键因素，以便更全面地理解教育的本质和目的。

三、对教育评价的影响

不同文化对教育学理论的塑造和影响还体现在教育评价上。不同的文化背景和价值观念在全球化的今天，各种文化交融碰撞，教育学理论也受到了不同文化的影响和塑造。这种影响不仅体现在教育目标、教育方法和教育内容上，更深深地烙印在教育评价上。教育评价，作为教育过程中的重要环节，旨在衡量学生的学习成果和教育质量，而不同文化背景和价值观念对教育评价的标准和方式提出了不同的要求。

让我们看看那些注重学业成绩和考试表现的文化，在这些文化中，学生的学习成果往往通过考试分数和学业成绩来衡量。这种评价方式有其优点，比如客观、公正、易于量化等。然而，它也可能导致一些问题，比如过度强调分数，忽视了学生的综合素质和创新能力。这种评价方式还可能造成学生的应试心态，限制了学生的创造力和批判性思维的发展。然后，让我们转向那些更注重学生综合素质和创新能力的文化。在这些文化中，教育评价更加全面，注重学生的思维能力、团队合作能力、实践能力等综合素质的评价。这种评价方式更加符合现代教育的理念，强调学生的全面发展，有利于培养学生的创新能力和批判性思维。然而，这种评价方式也可能面临一些挑战，比如评价标准的主观性、评价的公正性和公平性等问题。这些不同的评价标准导致了教育评价的多元化，使得教育学理论更加符合不同文化背景下的教育需求。这种多元化不仅丰富了教育评价的内涵，也为我们提供了更多的教育方法和手段。因此，我们应该尊重并欣赏这种多元化，同时也要努力寻找一种更加全面、公正、公平的教育评价方式，以满足不同文化背景下的教育需求。

不同文化对教育学理论的塑造和影响在教育评价上得到了充分体现。这种影响不仅丰富了教育评价的内涵，也为我们提供了更多的教育方法和手段。然而，我们也应该看到，不同的教育评价方式都有其优点和缺点，我们应该根据具体情况灵活运用，以最大限度地发挥教育评价的积极作用。

在全球化的背景下，我们更应该关注不同文化之间的交流和融合，借鉴各种文化的优点，共同推动教育学理论的发展。同时，我们也应该关注教育评价的改革和创新，努力寻找一种更加全面、公正、公平的教育评价方式，以满足不同文化背景下的教育需求。我们应该认识到，教育评价不仅是对学生学习成果的衡量，更是对学生全面发展的引导和促进。因此，我们应该在教育评价中注重学生的全面发展，关注学生的内心世界和情感体验，为学生提供更加全面、深入的教育支持。在未来的教育学研究中，我们应该继续关注不同文化对教育学理论的塑造和影响，深入探究教育评价的标准和方式，为推动教育事业的发展和进步贡献我们的智慧和力量。

第三节 跨文化研究在教育学理论发展中的意义

一、有助于学生国际交往能力的培养

在全球化的时代背景下，国际交往已经成为学校教育中不可或缺的一部分。学生的国际交往能力不仅关系到个人的成长和发展，更关系到国家在国际舞台上的地位和影响力。因此，学校在培养学生的跨文化能力时，不仅应关注学生的语言学习，还应着重提升他们的多文化理解能力、多文化整合能力以及建立开放、包容的跨文化精神。

语言是国际交往的基础。学校应提供多元化的语言课程，让学生有机会学习并掌握多种外语，为日后的国际交流做好准备。通过语言学习，学生能够更好地理解和融入不同文化背景的人群，实现有效的沟通。然而，仅仅掌握语言是不够的。在全球化的语境下，多文化理解能力显得尤为重要。学校应通过文化交流活动、国际实习项目等方式，帮助学生拓展视野，深入了解不同国家的文化、历史和价值观。这样，学生就能更好地认识和理解他国文化，减少文化冲突和误解，为国际交往打下坚实的基础。除了多文化理解能力，多文化整合能力也是学校培养学生跨文化能力的重

要方面。这意味着学生需要具备将不同文化元素融合在一起的能力，以创造出具有独特价值的跨文化产品和服务。学校可以通过设置跨学科课程、鼓励学生参与国际合作项目等方式，培养他们的创新思维和跨文化整合能力。在提升学生跨文化能力的过程中，学校还应注重培养学生的跨文化精神。这种精神包括开放、包容、尊重和谦逊等品质。只有具备这些品质的学生，才能在多元文化环境中自如行走，与不同文化背景的人建立良好的关系，推动国际交往的深入发展。

学校在培养学生的国际交往能力时，应全面关注他们的语言能力、多文化理解能力、多文化整合能力以及跨文化精神的培养。只有这样，才能培养出具有国际理解素养的学生，为国家的对外贸易经济发展和国际地位提升作出贡献。

二、有助于学生讲好中国故事

在全球化的大背景下，教育国际化已成为培养未来人才的重要途径。特别是在跨文化人才培养方面，我们不仅要关注知识的传递，更要注重多元文化之间的交流和理解。这种交流不仅仅是单向的，而是多元、多向的，需要我们在理解和尊重自己文化的基础上，去剖析他国文化，反观本国文化。

站在自己的文化立场上并不意味着故步自封或排斥其他文化。相反，这是为了更好地理解和传播自己的文化，以便在跨文化交流中展现出自信的态度。正确的文化交流方式至关重要，因为只有在理解和尊重双方文化的基础上，我们才能建立起真正的跨文化沟通桥梁。通过跨文化人才培养实践，学校为学生提供了比较和深层次理解多元文化的契机。学生可以通过学习不同国家的历史、文化、社会制度等方面的知识，了解不同文化的特点和魅力。这不仅有助于培养学生的全球视野，更能使他们在跨文化交流中更加自信、从容。站在古今中外的恢宏视野之中理解中华文明，是跨文化人才培养的重要任务之一。只有当我们深入了解自己的文化根源和发展脉络，才能形成文化自信。文化自信是一种内在的力量，它使我们在面对其他文化时能够保持自信和开放的态度，从而更好地传播和弘扬中华文明。此外，跨文化人才培养还需要关注如何采取其他国家人民比较容易接受的文化交流方式。这需要我们深入了解不同国家的文化背景和价值观，以便在交流中避免误解和冲突。通过学习和实践，学生可以掌握有效的跨文化沟通技巧，从而在世界各国和地区传播中华文化，讲好中国故事。

教育国际化视域下的跨文化人才培养对于促进文化交流具有重要意义。通过培养学生的文化自信和跨文化交流能力，我们可以为"构建人类命运共同体"贡献智慧和力量。同时，这也为中华文化的传承和发展注入了新的活力和动力。

三、有助于开阔学生视野

随着中国与其他国家和地区在经济、文化等领域的交流与合作正日益加强。这一宏大的战略不仅促进了贸易的繁荣，更在无形中拉近了各个国家和地区人民之间的距离。然而，要在这样的全球化大背景下取得实质性的成果，拥有一支具备跨文化能力的人才队伍至关重要。具备跨文化能力的人才能够更好地搭建起沟通桥梁，消除误解，增进互信，推动合作的深入进行。

高校作为人才培养的摇篮，其跨文化人才培养实践显得尤为重要。这种实践不仅涉及跨民族文化、学科文化、专业文化等多种跨文化形态，而且注重增长学生的见识，使学生能够从国际视野出发，全面而深刻地认识不同民族、不同学科、不同专业之间的内在联系和发展规律。这种教育模式不仅有助于帮助学生形成"人类命运共同体"的发展观，更能够提高学生的专业技术能力，使其更加贴近国际标准，更好地适应全球化的工作环境。

在具体的培养过程中，高校可以通过开设国际课程、举办文化交流活动、实施国际实习项目等多种方式，为学生提供丰富的跨文化学习与实践机会。这样的教育模式不仅能够开阔学生的视野，增长其见识，更能够培养学生的国际视野和跨文化沟通能力。同时，通过参与跨文化实践活动，学生还能够深入了解不同文化背景下的社会现象，增强其对多元文化的理解和尊重。高校跨文化人才培养实践在推动全球化进程中发挥着重要作用，它培养出了具有国际视野、具备开放、包容品质和跨国界思维的人才，这些人才将在未来的国际合作与交流中发挥重要作用，为"构建人类命运共同体"贡献自己的力量。

第七章

实践维度：教育学理论的应用与实践

第一节　教育学理论在教育实践中的应用情况

一、教育学理论的实践属性

教育学理论作为指导教育实践的重要工具，其实践属性不容忽视。这种属性不仅体现在理论对实践的指导上，更体现在理论自身的形成和发展过程中。教育学理论是对实践经验的总结和提炼，通过深入研究教育实践中的各种问题，教育学理论得以揭示教育的本质规律，进而为教育实践提供科学指导。这种指导不仅包括教育目标的设定、教育内容的选择、教育方法的运用等方面，还包括对教育环境、教育资源、教育评价等方面的全面考虑。通过理论的指导，教育实践得以更加科学、系统、有序地进行。教育学理论也创造着实践。理论的发展不仅是对实践经验的总结，更是对实践的创新和超越。在教育实践中，理论可以引导教育者不断探索新的教育理念、教育模式和教育方法，从而推动教育实践的不断发展和进步。例如，现代教育技术的发展为教育实践带来了全新的手段和方式，而这些技术的发展正是基于教育学理论的创新和发展。

康德在构建其思辨体系时，明确地将感性与知性区分开来，视其为两个截然不同的领域。然而，如果我们深入探究，会发现感性中其实已经融入了知性的元素，情感中也潜藏着概念的身影。这种感性与知性的交融，中国古人有着更为深刻的洞察。《二程集》中称，道与性一也。性之本谓之命，性之自然者谓之天，性之有形者谓之心，自性之有动者谓之情。凡此数者皆一也。这表明，在感性之中，我们已经能够感受到知性的存在，情感中也蕴含着理性的元素。因此，外界的感官刺激能够直接引发理性的活跃。

康德在探讨实践理性的二律背反时，也触及了这一层面。他指出当我们（正如我们应当做的那样）把事件和事件在其中发生的那个世界都只看作现象时，就不会有任何真正的冲突，就被消除了。因为同一个行动着的存在者作为现象（甚至在他自己的内感官面前）具有一种感官世界中的、任何时候都是符合自然机械作用的因果性，但就同一个事件而言，只要行动着的个人同时又把自己看作本体（作为在其不能按照时间来规定的存有中的纯粹理智），就可能包含有那个按照自然规律的因果性的规定根据，这根据本身是摆脱了一切自然规律的。[1]在这里，康德所提到的"自然机械作用"，可以理解为在实践过程中实际发生的、具有自律性的隐秘规律机制。他强调的"我们应该做的"，则是指理性的实践所应具备的开放性。

在这样的实践敞开中，理论主体同样得之于外部语境的隐秘自律的"开始"，与受之于外的初始具体内在化的隐秘自律的"开始"相遇相合，理论便获得可以进一步接受的"现象"。接下来便是理论构成。就功能说，理论构成完成着由现象向概念、范畴的理论形成的转换；就活动取向说，它是双向的，即向内转化为理论，向外转化为现象及感性实践，进而在这样的双向活跃中获得并实现理论的实践属性。现象作为外部作用于内部的精神形态，理论所必需的普遍性已潜身其中，但它只是淡化了具体却没有汰尽具体，一般来说，它属于经验领域。根据唯物论反映论，理论提升于经验，在理论提升中，经验普遍性被授予概念，概念通过逻辑关联，使经验普遍性获得理论的逻辑形态，观念或思想体系在逻辑形态中形成，进一步的抽象也由此完成。理论普遍性或普适性的广度取决于它所提升的经验

---

[1] 参见郑确辉：《论高等教育学理论的实践属性》，载《江苏高教》2008 年第 6 期。

关联的广度。经验来自个别超越个别，就在于经验的相互关联。胡塞尔从他的现象学角度称此为"经验联结体"，它是外部实在以其各种相关在经验者这里形成的经验秩序，理论的逻辑形态当其合于"经验联结体"的秩序时才能获得理论主体自证，也才能成为逻辑形态理论。即便是充分思辨的理论，也有与思辨主体的来自生活的"经验联结体"的暗合。不管物是什么，它们是经验的物。正是经验本身规定着它们的意义，而且由于我们所谈的是事实上的物，正是实显的经验本身在其一定秩序的经验联结体中进行着这样的规定。[1]

"经验联结体"不仅是理论对于世界意义及世界关联性的由来，同时也是教育学研究的秩序性的由来。在教育领域，我们需要关注学生的生活经验、学习经验等，以构建符合学生"经验联结体"的教育理论和实践。只有这样，教育才能真正贴近学生的生活，促进学生的全面发展。感性与知性、情感与理性之间的交融是普遍存在的。这种交融使得我们能够通过外界感官刺激直接引发理性的活跃，并通过理论的提升和逻辑形态的形成来获得对世界的深入理解。同时，"经验联结体"的概念为我们理解世界和进行教育实践提供了新的视角和启示。

理论双向展开的实践属性，在"经验联结体"中理论进入关系层面，与规律相遇。首先，理论具有双向展开的实践属性。这意味着理论不仅仅是对经验的抽象和总结，而是能够主动进入实践层面，与规律相遇。在这个过程中，理论通过不断淘汰具体经验，实现进一步的抽象和提升。然而，这并不意味着理论就此与"经验联结体"诀别。相反，理论始终与"经验联结体"保持着密切的联系，作为理论的伴随物，它不断地为理论提供新的经验信息，从而充实理论的实践属性。其次，理论与实践之间的双向活动具有递进性。这种递进性不仅体现在从感官到理论或从理论到感官的过程中，更体现在理论对实践的敞开程度。实践性敞开是理论的基本精神规定性与现实规定性，它要求理论在实践中不断寻找新的生长点和突

---

〔1〕 参见郑确辉：《论高等教育学理论的实践属性》，载《江苏高教》2008年第6期。

破口。在这个过程中，任何一个递进环节的敞开不畅，都可能导致理论的僵死和失效。因此，理论在何种程度上对实践敞开，成为衡量理论生命力的重要指标。那么，如何保证理论对实践的敞开程度呢？一方面，这取决于既有理论本身的实践适应性。也就是说，理论必须紧密关注实践的发展变化，不断调整和完善自身，以适应新的实践需求。另一方面，取决于理论主体基于实践性理解的实践敞开的理论激情与适时敞开的意志〔1〕。理论主体需要具备敏锐的洞察力和坚定的信念，勇于面对实践的挑战和变革，不断推动理论的创新和发展。以教育学理论为例，在当前社会转型期，高等教育大众化的背景下，教育学理论面临着前所未有的机遇和挑战。一方面，高等教育大众化为教育学理论提供了更广阔的实践舞台和更丰富的经验资源；另一方面，随着社会的快速发展和变革，教育实践对教育学理论提出了更高的要求和期待。因此，教育学理论必须紧密关注实践的发展变化，不断调整和完善自身，以适应新的实践需求。同时，教育学理论主体需要具备强烈的实践意识和创新精神，勇于面对实践的挑战和变革，不断推动教育学理论的创新和发展。

理论与实践的双向展开是一个复杂而又富有生命力的过程。在这个过程中，理论需要不断地与实践相遇、交融和升华，以实现自身的不断完善和发展。同时，理论主体也需要具备强烈的实践意识和创新精神，勇于面对实践的挑战和变革，不断推动理论的创新和发展。只有这样，理论才能真正发挥其指导作用，为实践提供有力的支持和引导。

二、教育学理论的实用逻辑

诚如美国社会学家默顿所言，一门学科的地位往往是通过知识生产或实践效用来确立的。在教育学的发展历程中，我们不难发现，尽管存在对教育学是否应作为独立学科的争议，但教育知识本身的建构始终受到重视。尤其在中国，教育学逐渐走向了实践或更为宽泛的实用方向。叶澜教

---

〔1〕 参见郑确辉：《论高等教育学理论的实践属性》，载《江苏高教》2008 年第 6 期。

授曾明确指出，"教育学"在中国被定位在"用"上。然而，这个"用"字在不同的语境中却承载着丰富的内涵，它驱动了中国教育学的演变，并构筑了其独特的逻辑。

首先，从师范教育的角度来看，教育学的出现最初就是为了满足新办师范学堂的课程需求。在那个时代，"办理学堂，首重师范"，而"教育"则被视为师范学堂的主要学科。为了迅速培养合格的师资，20世纪上半期，中国大量翻译和编写了教育学及其分支学科的教科书。例如，1900年~1919年间，《教育世界》等刊物就翻译了20余种教育学教科书，此外还单独印行了近40本教育学教材，同时，国内学者也编写了20余本教育学教材。这些教材的编写大都与译者或作者在师范学堂的教学经验紧密相关，不少教材源自教学需求或讲义整理。随着师范教育的进一步扩展和教育理论的日益丰富，教育学的发展受到了深刻影响。教材的编写呈现出多样化甚至系列化的趋势。商务印书馆、中华书局、正中书局等一批出版机构纷纷涉足教育学科领域，针对不同层次的师范生组织编写了不同系列的教材，如"大学丛书""师范小丛书""教育丛书"等。新中国成立后，教育学教材呈现一元化趋势，苏联教育学的教材（特别是凯洛夫的《教育学》和申比廖夫等人的《教育学》）直接译作国内师范院校的教材。尽管后来北京师范大学和华东师范大学等高校尝试自编教育学教材，但在体系上仍受到苏联教育学的影响，或是过于依赖政策汇编。改革开放以后，面向师范院校的各种教育学教材的编写仍然十分活跃。据统计，1979年~1990年出版的面向本专科师范生和教育专业研究生的概论类教育学教材约有290本，1991年~2002年，出版了180本左右[1]。这些教材不仅丰富了教育学的知识体系，还对当代中国教育学的理论建构产生了积极影响。

然而，教育学在中国的发展并非仅仅局限于师范教育。从实践层面来看，尽管早期在引进外来理论的过程中也有教育学中国化的考量，但这种

---

[1] 参见瞿葆奎编著：《教育学的探究》，人民教育出版社2004年版，第546页。

考量主要集中在政治、文化或事实上，而非源自教育实践的直接驱动。改革开放之初，教育学界开始关注教育理论脱离教育实际或不能指导教育实践的问题。为了解决这个问题，人们一方面尝试从中国的教育实践中汲取智慧，建构符合国情的教育理论；另一方面试图寻找既有教育理论向教育实践转化的有效途径。这些努力反映了一种"理论实践化"的观点，但由于缺乏对教育理论性质和教育实践特征的具体考察，教育理论与实践之间的紧张关系并未得到根本缓解。[1]

随着研究的深入，人们开始重新思考教育理论与实践的作用方式。一个显著的变化是从研究者及其建构的公共知识转向实践者及其内含的个人知识，寻求实践中的理论。这种转向使得当代中国的教育学越来越关注教育实践的多样性、情境性、不确定性和生成性等内在特征。同时，强调教师在实践中的主体性以及教师个人经验的支撑价值。[2]为了建构这种面向或诠释教育实践的理论，教育研究者需要走出书斋，深入实践，重建自身与教育实践者之间的关系。这种关系不再局限于传统的"主体—客体"认识论关系或"生产者—消费者"的技术性关系，而是逐渐走向强调主体间性、反身性、合作性、共生性等特征的交互关系。[3]

如今，我们欣喜地看到越来越多的教育研究者不再满足于象牙塔里的学问。他们与中小学、教育行政部门、社会机构等建立合作关系，共同寻求教育问题的解决和教育实践的改进。这种合作不仅有助于教育研究者积累原始而丰富的资料，还有助于推动教育学在实践中的应用和发展。可以说，中国教育学的实践取向已经逐渐成为其发展的核心动力，驱动着它在实践中不断创新和发展。

---

〔1〕　参见程亮：《多元的传统与交互的生成——教育学知识建构的跨文化比较》，载《教育研究》2016 年第 5 期。

〔2〕　参见程亮等：《重心转移与问题转换：改革开放以来教育理论与实践关系研究之研究》，载《教育研究与实验》2013 年第 5 期。

〔3〕　参见程亮：《多元的传统与交互的生成——教育学知识建构的跨文化比较》，载《教育研究》2016 年第 5 期。

第二节　教育学理论在解决实际问题中的价值

一、指导实践

教育学理论，作为教育实践的指导和支持，具有举足轻重的地位。它如同一盏明灯，照亮教育者前行的道路，帮助他们理解复杂多变的教育现象，揭示深藏其中的规律，从而在实际教学中能够遵循科学的原则和方法，提高教育质量。

教育学理论是课程设计的重要基石，为教育实践提供了科学、系统的指导。课程设计，作为教育实践的核心环节，涵盖了教学内容的选择、组织、呈现等多个方面，旨在构建一套符合学生认知规律和学习兴趣的课程体系。教育学理论为课程设计提供了坚实的理论基础，使得教育者能够更加科学地确定课程目标。在目标的设定过程中，教育者需要综合考虑学生的年龄、认知水平、兴趣爱好等因素，确保目标既具有挑战性又符合学生的实际水平。例如，根据布鲁姆的认知领域教育目标分类理论，教育者可以将课程目标划分为知识理解、应用、分析、综合和评价等多个层次，从而确保目标的全面性和层次性。

在教学内容的选择与课程设计中，教育学理论发挥着至关重要的作用。它不仅是教育者决策的指南，更是他们实现教育目标、提升学生综合素质的有力工具。下面将从教学内容的选择、时效性与实用性、组织呈现方式等方面，探讨教育学理论在教学实践中的应用。教学内容的选择是教育过程中的首要任务。教育者需要根据课程目标和学生的实际需求，慎重地筛选教学素材。在这一环节中，教育学原理为我们提供了重要的指导原则。教育者需要关注教学内容的适应性。根据学生的年龄、认知特点和学习背景，选择适合他们的教学内容。这既有助于激发学生的学习兴趣，又能确保他们在学习过程中能够逐步建立起扎实的知识基础。教学内容的选择应注重多元性。教育者应当引入不同领域、不同学科的知识，培养学生的综合素质。同时，注重培养学生的批判性思维、创新能力以及解决实际问题的能力。教学内容不仅需要具备适应性和多元性，还应关注其时效性和实用性。随着科技的快速发展和社会的不断进步，学科领域的最新成果和实际需求也在不断变化。因此，教育者需要时刻保持敏锐的观察力和更新的意识，确保所选内容能够反映学科领域的最新成果和实际需求。例如，在选择科学课程的内容时，教育者可以参考科学探究理论，引入一些前沿的科学研究成果。这样不仅能激发学生的探究兴趣和求知欲，还能帮助他们了解科学研究的最新动态，为他们未来的学术研究和职业发展打下坚实的基础。教学内容的组织和呈现方式也是课程设计中的关键环节。在这一阶段，教育学理论为教育者提供了丰富的策略和方法。根据认知心理学理论，学生的学习过程是一个信息加工的过程。教育者应根据学生的认知特点，合理安排教学内容的顺序和难度。通过循序渐进、由浅入深的教学方式，帮助学生逐步建立起完整的知识体系。教育者可以运用多元智能理论，设计多样化的教学活动和评价方式。通过不同的教学方式和评价手段，充分发掘和培养学生的不同智能领域。这既有助于激发学生的学习兴趣和潜能，又能提升他们的综合素质和竞争力。此外，教育者还应关注教学内容的呈现方式。通过生动有趣的教学案例、形象直观的图表展示以及富有启发性的课堂讨论等方式，使教学内容更加生动、有趣、易于理解。教学内容的选择与课程设计是一项复杂而重要的任务。教育者需要充分运用教育学理论，结合学生的实际需求和社会发展的最新趋势，精心设计和组织教学内容。通过不断优化教学内容的选择、时效性与实用性以及组织和呈现方式等方面的工作，为培养具有创新精神和实践能力的优秀人才提供有力支持。

教育学理论在课程设计中发挥着不可或缺的作用。通过教育学理论的指导，教育者可以更加科学地确定课程目标、选择合适的教学内容、设计出符合学生认知规律和学习兴趣的课程体系。这不仅有助于提高教育实践的针对性和实效性，还有助于促进学生的全面发展。

教育学理论帮助教育者全面而深入地理解各种教学方法的优缺点。教学方法种类繁多，每种方法都有其适用的场景和局限性。例如，讲授法适用于传授系统知识，但可能忽略学生的个体差异和主动性；讨论法能促进学生之间的交流与合作，但也可能导致话题偏离主题或效率不高。在教育学理论的指导下，教育者能够更加清晰地认识到各种教学方法的内在机制和适用条件，为选择合适的教学方法提供科学依据。教育学理论指导教育者根据学生的实际情况和教学目标，灵活运用不同的教学方法。同时，不同的教学目标也需要采用不同的教学方法来实现。在教育学理论的指导下，教育者能够根据学生的个体差异和教学目标的需求，灵活选择和运用不同的教学方法，从而最大程度地满足学生的学习需求，提高教学效果。以行为主义学习理论为例，该理论认为学习是通过刺激和反应之间的联系来建立的。在教育实践中，教育者可以运用奖励和惩罚等外部刺激来激发学生的学习动机。例如，当学生在课堂上表现出积极的学习行为时，教育者可以及时给予表扬和奖励，以增强学生的学习动力；而当学生出现消极的学习行为时，教育者可以通过适当的惩罚来纠正学生的行为偏差。通过这样的奖惩机制，行为主义学习理论有助于激发学生的学习积极性，提高学习效果。而建构主义学习理论则强调学生的主动性和建构性。在教育实践中，教育者可以通过创设问题情境、引导学生主动探究等方式，激发学生的学习兴趣和创造力。例如，在教授科学课程时，教育者可以设计一些有趣的实验活动，让学生在亲身实践中发现问题、解决问题，从而培养学生的科学探究能力和创新思维。通过这样的教学方法，建构主义学习理论有助于促进学生的主动学习和自我发展。教育学理论为教学方法的改进提供了有力支持。在教育学理论的指导下，教育者可以更加深入地理解各种教学方法的优缺点，根据学生的实际情况和教学目标，灵活运用不同的教学方法，提高教学效果。同时，教育学理论也促进了教育实践的创新和发展，为培养具有创新精神和实践能力的新型人才奠定了坚实基础。

随着教育的不断发展，教育评估作为教育实践的重要环节，日益受到人们的关注。教育评估不仅能够对教育效果进行测量和评价，为教育改进提供依据，还能帮助教育者更好地了解学生的学习状况，为教学提供有针对性的指导。在这一过程中，教育学理论发挥着至关重要的作用。教育学理论为教育评估提供了科学的指导。在教育评估的设计阶段，教育者需要依据教育学理论，结合教育目标和学生特点，制定评估指标和评估方法。例如，根据多元智能理论，每个学生都拥有不同的智能类型和智能水平。因此，教育者应根据学生的智能特点进行个性化评估，以发现学生的潜力和优势。此外，教育评估还需要遵循科学、客观、全面的原则，确保评估结果的准确性和有效性。教育学理论有助于深入理解评估结果背后的深层含义。评估结果往往只是一个数字或一个等级，但这些数字或等级背后蕴含着丰富的信息。教育者需要借助教育学理论，对评估结果进行深入的分析和解读，从而发现教育实践中存在的问题和不足。例如，如果学生的评估结果普遍偏低，教育者可以从教学内容、教学方法、学习环境等方面进行分析，找出问题的根源，为教育改进提供有针对性的建议。教育学理论还能为教育评估提供多元化的评估方法和手段。随着教育理论和实践的不断发展，新的评估方法和手段不断涌现。例如，除了传统的纸笔测试外，现在还有许多新型的评估方式，如口头表达、作品展示、实践活动等。这些评估方式能够更全面地反映学生的能力和素质，为教育评估提供更加丰富的信息。教育学理论在教育评估完善中发挥着至关重要的作用。它不仅能够为教育评估提供科学的指导，帮助教育者更加客观地评价教育效果，还能帮助教育者深入理解评估结果背后的深层含义，为教育改进提供有针对性的建议。同时，教育学理论还能为教育评估提供多元化的评估方法和手段，使评估更加全面、准确。因此，在未来的教育实践中，我们应该更加注重教育学理论在教育评估中的应用和发展，以推动教育事业的不断进步。

教育学理论不仅为课程设计、教学方法和教育评估等方面提供了科学的指导和支持，还帮助教育者更好地理解教育现象、揭示教育规律，从而在实际教学中遵循科学的原则和方法。随着教育实践的不断发展和教育学理论的不断创新，我们有理由相信，教育学理论将在未来继续为教育实践提供更加广阔的空间和更加深厚的底蕴。

二、提高教育质量

随着社会的快速发展和变革，教育作为培养未来社会栋梁的关键环节，其重要性日益凸显。然而，传统的教育方式往往难以满足现代社会的需求，因此，通过对教育学理论的研究和应用，提高教育质量成了当前亟待解决的问题。

教育学理论的研究对于制定科学的教育政策具有至关重要的意义。它是政策制定的基础，为教育政策的制定提供了坚实的理论支撑。通过深入研究教育学的基本原理和规律，我们可以更好地理解教育的本质和目的，从而制定出更加科学、合理、有效的教育政策。教育学理论不仅关注教育的内在逻辑和发展规律，还关注教育的社会功能和价值。它研究教育的目标、内容、方法、评价等方面，为我们提供了全面的教育视角和深入的教育洞察。这些理论和研究成果，可以帮助我们更好地认识教育的现状和问题，提出切实可行的解决方案，推动教育的改革和发展。在制定教育政策时，我们需要充分考虑教育学理论的指导作用。这意味着我们需要根据教育学的原理和规律，制定出符合教育发展需要、符合学生成长规律的政策。同时，我们还需要关注教育的公平性和普及性，确保每个学生都能够享受到高质量的教育资源，实现教育的公平和公正。此外，教育学理论的研究还有助于提高教育政策的可行性和可操作性。通过深入研究教育的实际操作和实践经验，我们可以更好地了解教育的实际情况和问题，从而制定出更加具体、可行的政策措施。这些措施不仅具有可操作性，还能够针对具体问题进行有效的解决，提高教育政策的实际效果。

在深入探讨教育学的应用及其影响时，我们不难发现，这些理论不仅仅是抽象的概念和学说，它们在实际教学中有着极其重要的作用。特别是当我们提及教育学理论在改进教育方式和提高教学效果方面的贡献时，其意义显得尤为突出。传统的教育方式，长久以来，都是基于一种"填鸭式"的教学模式，教师单纯地传授知识，学生则被动地接受。然而，这种方式忽略了学生作为学习主体的存在，没有充分发挥他们的主动性和实践性。这种单向的、机械的教学方式，不仅抑制了学生的创造力和探索精神，也使得教学效果大打折扣。而现代教育学理论，则强调学生的主动参与和合作学习。它提倡探究式、讨论式等多种教学方式，让学生在互动、合作中发现问题、解决问题，从而培养他们的创新能力和实践能力。这种教学方式不仅更符合学生的认知规律，也更有利于培养他们的综合素质。那么，如何将这些理论应用到实际教学中呢？这就需要教育者根据现代教育学理论，设计出更具吸引力和实效性的教学活动。例如，可以组织一些小组讨论，让学生在交流和碰撞中，拓宽视野、深化理解。这些基于现代教育学理论的教学活动，不仅可以激发学生的学习兴趣和动力，也可以提高教学效果。因为学生在参与这些活动时，不仅需要运用已有的知识，还需要积极地思考、探索，这样才能完成任务。而这个过程，正是他们提高学习效果、锻炼能力的过程。因此，我们可以说，现代教育学理论的应用，为改进教育方式、提高教学效果提供了有力的支持。在未来的教育中，我们应该更加注重这些理论的应用，让教育更加符合学生的认知规律，更加有利于他们的全面发展。同时，我们也应该不断地探索、创新，让教育学理论在实践中得到更好的应用和发展。此外，教育学理论的应用不仅局限于课堂教学，它还可以渗透到教育的各个层面和环节。例如，在课程设计上，我们可以根据教育学理论，设计出更符合学生兴趣和需求的课程，从而增强学生的学习动力。在教育评价上，我们可以运用教育学理论，建立起更加科学、全面的评价体系，以更准确地反映学生的学习成果和能力水平。同时，教育学理论的应用也需要与时俱进。我们需要不断地更新和完善教育学理论，以适应新的教育环境和需求。只有这样，我们才能更好地发挥教育学理论在改进教育方式、提高教学效果方面的作用。教育学理论的应用对于改进教育方式、提高教学效果具有重要意义。我们应该充分认识到这一点，并在实际教学中加以应用和实践。

在当今知识爆炸的时代，教育的目标已不仅仅局限于知识的传授和积累。随着社会的不断进步和发展，学生所需要面对的挑战和问题日益复杂多样。因此，提高教育质量的核心任务之一就是关注学生的综合素质培养，帮助他们更好地应对未来的挑战。学生不再是被动的信息接收者，而是需要主动筛选、分析和评价海量信息，以形成自己的独立见解。这种能力的培养不仅关乎学生的学术成就，更关乎他们在未来社会中的竞争力和生存能力。教育者作为学生成长道路上的引路人，肩负着培养学生批判性思维的重任。通过组织丰富多样的教学活动，如课堂讨论、辩论比赛等，教育者可以引导学生主动思考、质疑和反思。在这些活动中，学生需要倾听他人的观点，提出自己的见解，并通过论证和辩论来验证自己的观点。这种过程不仅锻炼了学生的口才和表达能力，更培养了他们的批判性思维。除了组织教学活动外，教育者还可以鼓励学生在课外阅读中拓展视野。阅读是获取知识的重要途径，通过阅读不同领域的书籍和文章，学生可以接触到更广泛的知识和观点。教育者可以推荐适合学生年龄和兴趣爱好的读物，引导他们在阅读中培养对不同领域知识的理解和分析能力。批判性思维的培养并非一蹴而就，它需要教育者的长期引导和学生的不懈努力。在教育过程中，教育者应该关注学生的个性化需求，提供针对性的指导；同时，学生也应该保持开放的心态，勇于接受挑战和质疑。只有这样，我们才能真正培养出具有批判性思维的新一代，为社会的进步和发展贡献力量。此外，批判性思维的培养还需要结合具体学科内容进行教学。例如，在科学课程中，教育者可以引导学生通过实验和观察来验证科学理论，培养他们的实证精神；在历史课程中，教育者可以引导学生分析历史事件的多重因素和影响，培养他们的历史洞察力；在文学课程中，教育者可以引导学生解读文学作品中的隐喻和象征，培养他们的文学鉴赏力。这些具体的学科内容将为学生提供更广阔的思维空间，帮助他们更好地理解和分析世界。随着科技的不断发展，教育者还可以利用现代教育技术来辅助培养学生的批判性思维。例如，利用多媒体和网络资源，教育者可以为学生呈现更丰富的信息和观点，激发他们的学习兴趣和探究欲望。同时，通过在线讨论和协作工具，教育者可以引导学生跨越时空限制，与同龄人进行交流和合作，共同提高批判性思维水平。批判性思维的培养是教育的重要目标之一。面对海量信息充斥的今天，我们需要更加重视学生批判性思维的培养，为他们未来的发展和社会的进步打下坚实基础。通过教育者的引导和学生的努力，我们期待培养出更多具有批判性思维的人才，为世界的繁荣和发展贡献力量。

在当今这个充满变革和竞争的时代，创新能力的培养显得尤为重要。面对日新月异的科技发展和社会进步，学生们需要培养自己的创新思维和解决问题的能力，以便在未来的社会竞争中占据一席之地。因此，教育者应该注重培养学生的创新能力，帮助他们掌握创新的方法和技巧，激发他们的创造力和想象力。教育者可以通过开展科技创新活动来培养学生的创新能力，科技创新活动可以让学生们接触到最新的科技知识和技术，了解科技发展的趋势和前景。在这样的活动中，学生们可以通过实践探索，发现问题并提出解决方案，从而培养他们的创新思维和解决问题的能力。同时，科技创新活动还可以让学生们感受到科技的力量和魅力，激发他们的兴趣和热情，进一步促进他们的创新能力的提升。教育者还可以通过创意设计活动来培养学生的创新能力，创意设计活动可以让学生们发挥自己的想象力和创造力，设计出具有创新性和实用性的作品。在这样的活动中，学生们可以通过不断尝试和修改，不断完善自己的设计，从而培养他们的创新思维和解决问题的能力。同时，创意设计活动还可以让学生们感受到艺术的魅力和价值，提高他们的审美能力和创造力。除了科技创新和创意设计活动，教育者还可以引导学生关注社会问题，培养他们的社会责任感和公民意识。在现实生活中，存在着许多亟待解决的问题，如环境污染、贫困问题、教育公平等。教育者可以引导学生们关注这些问题，并鼓励他们通过所学知识和技能为解决这些问题贡献自己的力量。在这样的过程中，学生们不仅可以培养自己的社会责任感和公民意识，还可以锻炼自己的创新思维和解决问题的能力。此外，教育者还可以通过课堂教学来培养学生的创新能力，比如采用案例分析、小组讨论、角色扮演等，来激发学生的学习兴趣和热情。同时，教育者还可以鼓励学生们提出自己的想法和观点，尊重他们的个性和差异，为他们创造一个自由、宽松、充满创新氛围的学习环境。教育者应该注重培养学生的创新思维和解决问题的能力，通过开展科技创新、创意设计等活动，引导学生关注社会问题，培养他们的社会责任感和公民意识，为他们的未来发展奠定坚实的基础。同时，教育者还需要不断更新自己的教育理念和教学方法，以适应时代的发展和学生的需求，为培养更多的创新型人才贡献自己的力量。

团队协作能力的培养在当今社会中显得愈发重要。随着科技的迅速发展和全球化的推进，单打独斗已经无法满足日益复杂和多变的工作需求。团队合作已经成为完成工作、解决问题和取得成功的关键所在。因此，对于教育者而言，培养学生的团队协作能力至关重要。教育者可以通过多种方式来培养学生的团队协作能力。其中，组织团队项目是一种非常有效的方式。在这样的项目中，学生们需要相互协作、分工合作，共同完成任务。通过这样的实践，学生们不仅能够学会如何与他人合作，还能够锻炼自己的沟通能力、协调能力和分享精神。此外，团队项目还可以帮助学生们建立信任、增进友谊，从而增强团队的凝聚力。除了团队项目，社会实践也是培养学生团队协作能力的有效途径。通过参与社会实践活动，学生们可以更加深入地了解社会、认识问题，同时也能够锻炼自己的团队协作能力。例如，志愿者活动、社区服务等都是很好的社会实践形式。在这些活动中，学生们需要相互协作、共同完成任务，从而培养自己的团队协作能力。此外，教育者还可以注重培养学生的领导力和影响力。一个优秀的团队不仅需要成员之间的相互协作，还需要有能够带领团队前行的领导者。因此，教育者可以通过培训、指导等方式，帮助学生们提升自己的领导力和影响力，让他们在团队中发挥更大的作用。通过组织团队项目、社会实践等活动，以及注重培养学生的领导力和影响力，教育者可以帮助学生们更好地适应现代社会的需求，成为具有团队协作精神的优秀人才。在未来的职业生涯中，他们将更加自信、从容地面对各种挑战，取得更加辉煌的成就。

提高教育质量需要关注学生的综合素质培养。通过培养学生的批判性思维、创新能力和团队协作等综合素质，教育者可以帮助他们更好地适应社会发展的需求，迎接未来的挑战。为了实现这一目标，教育者需要不断探索和创新教育方法和手段，为学生创造更加丰富多样的学习和成长环境。同时，社会各界也应该共同努力，为教育事业提供支持和保障，共同推动教育质量的提升。

三、促进教师专业发展

在今日的教育环境中，教师的专业发展显得尤为关键。随着教育理念的更新和教学方法的变革，教师需要不断地学习、研究和进步，以适应新的教育需求。教育学理论的学习和研究，正是推动教师专业发展的重要途径。

首先，深入探讨教育学理论对于教师来说，具有极其重要的意义。这一过程使教师得以透视教育的核心本质及其深远目标。学习教育学理论，不仅是获取知识的过程，更是一次深入理解教育精髓的心灵之旅。教育学理论的学习，让教师们清晰地认识到，教育的目标远不止于单纯地传授知识。诚然，知识是教育的基石，但更为关键的是，教育要致力于塑造学生的品格，磨炼他们的能力，并培养他们的思维方式。这种教育观的转变，不仅体现在理论层面，更应在实践中得以贯彻。在课堂上，教师不应只是单纯地讲解知识，更应注重与学生之间的互动，激发他们的学习兴趣，培养他们的主动学习精神。在课外，教师也要关心学生的情感需求，了解他们的思想动态，引导他们形成积极、健康的人生观和价值观。此外，教育学理论的学习还能帮助教师更好地理解和应对教育实践中遇到的各种问题。无论是课堂管理、教学方法的选择，还是学生的个别差异、学习困难，都需要教师具备一定的教育学理论知识来指导实践。这样，教师才能在复杂的教育环境中游刃有余，为学生提供更为优质的教育服务。教育学理论的学习对于教师来说，既是一次深化理解教育本质和目的的过程，也是提升教学实践能力的关键。只有真正掌握了教育学理论，教师才能在教育实践中游刃有余，为学生的全面发展提供有力的支持。

其次，在教育的广阔天地中，教师扮演着至关重要的角色。他们不仅是知识的传递者，更是学生成长的引路人。而教育学理论的学习和研究，对于教师而言，就如同航海者的指南针，为他们指明方向，助力他们在教学海洋中乘风破浪，提升教学技能。教育学理论，这一博大精深的学科，涵盖了教学方法、课程设计、教育评价等多个方面，为教师提供了丰富的教学策略和手段。它如同一座宝库，蕴藏着无数教育智慧的结晶。通过深入学习教育学理论，教师可以掌握更多先进的教学方法，如情境教学、合作学习、项目式学习等。这些方法不仅能够使教学更加生动、有趣，更能激发学生的学习热情，提升他们的学习效果。合作学习这种方法鼓励学生之间的互助合作，让他们在团队中共同学习、共同进步。在合作学习的过程中，学生不仅可以锻炼自己的沟通能力、协作能力，还能从同学身上学到更多的知识和经验。这样的学习方式，不仅能够提高学生的学习效果，还能培养他们的团队精神和集体荣誉感。而项目式学习则更加注重学生的实践能力和创新思维的培养。它让学生在一个个具体的项目中，通过实际操作、实践探索来获取知识、提升能力。在这样的学习方式中，学生的主体性得到了充分的发挥，他们的创新思维和实践能力得到了有效的锻炼和提升。除了掌握先进的教学方法外，教师还可以通过学习教育学理论来反思和总结自己的教学实践。他们可以根据自己的教学经验和学生的反馈，结合教育学理论进行分析和研究，找出教学中的问题和不足，并寻求改进的方法。这样的反思和总结，不仅能够帮助教师不断提高自己的教学水平，还能为他们的专业成长提供有力的支持。教育学理论的学习和研究对于教师提升教学技能具有重要的意义，它不仅能够为教师提供丰富的教学策略和手段，还能帮助他们在教学实践中不断反思和总结，实现自我提升。因此，我们应该鼓励教师深入学习教育学理论，不断探索和实践新的教学方法和策略，为培养更多优秀的人才贡献自己的力量。

再其次，作为培养未来社会栋梁的关键人物，教师的职业地位和社会认可度也逐渐得到了人们的关注。而教育学理论的学习和研究，无疑对于提升教师的专业素养和教育理论水平，进而提升教师的职业地位和社会认可度，具有至关重要的作用。教育不仅仅是传授知识，更是引导学生发展个性、培养能力、塑造品格的过程。通过学习教育学理论，教师可以深入了解教育的内在规律和基本原则，明确教育的目标和任务，从而更好地指导教学实践，满足社会的需求。教师需要具备丰富的教育知识和技能，才能有效地指导学生，促进他们的全面发展。通过学习和研究教育学理论，教师可以掌握先进的教育方法和手段，如启发式教学、情境教学、合作学习等，从而更好地激发学生的学习兴趣和潜能，提高教育教学的效果。此外，教育学理论的学习和研究还有助于教师不断更新教育观念，跟上时代发展的步伐。随着社会的变革和科技的进步，教育观念也在不断更新。教师需要不断学习和研究，才能跟上时代的步伐，适应社会的变化。通过学习和研究教育学理论，教师可以了解最新的教育理念和研究成果，不断更新自己的教育观念，从而更好地适应社会的需求，为培养未来社会栋梁贡献自己的力量。教育学理论的学习和研究对于提升教师的专业素养和教育理论水平，进而提升教师的职业地位和社会认可度具有至关重要的作用。因此，我们应该鼓励教师积极学习和研究教育学理论，不断提高自己的专业素养和教育理论水平，为培养更多优秀的人才贡献自己的力量。同时，我们也应该加强对教育学理论的宣传和推广，让更多的人了解和支持教育事业的发展，共同推动社会的进步和发展。

最后，教育学理论的学习还有助于教师实现自我价值的提升。教育学理论的学习，为教师提供了这样的机会：通过学习，教师可以更加清晰地认识到教育的本质和目的，理解教育的价值和意义。他们开始意识到，教育不仅仅是传授知识，更是一种心灵的交流、情感的传递和智慧的启迪。随着对教育学理论的深入学习和理解，教师会逐渐发现自己在教育中的价值和地位。他们开始更加热爱教育事业，愿意为之付出更多的努力和时间。他们开始关注学生的成长和发展，关心他们的内心世界和情感体验。他们开始尝试不同的教学方法和手段，以更好地满足学生的需求和提高教学质量。在这个过程中，教师会不断地追求自我超越和自我实现。他们不再满足于现状，而是不断地挑战自己、超越自己。他们开始反思自己的教学实践，总结经验教训，不断提高自己的教育水平和能力。他们开始关注教育改革和发展趋势，积极参与各种学术交流和研讨活动，以拓宽自己的视野和思路。最终，通过学习教育学理论，教师不仅实现了自我价值的提升，也为学生的成长和发展创造了更好的条件。他们用自己的智慧和热情，点燃了学生对知识的渴望和对未来的憧憬。他们用自己的行动和付出，赢得了学生的尊重和信任，成为他们成长道路上的引路人和榜样。

教育学理论的学习和研究对于促进教师专业发展具有深远的影响。它不仅可以帮助教师提高教学效果，提升职业地位和社会认可度，还可以帮助教师实现自我价值的提升。因此，我们应该鼓励和支持教师积极学习和研究教育学理论，为教育事业的发展贡献自己的力量。

四、推动社会进步

在社会的不断发展和进步中，教育始终扮演着至关重要的角色。作为社会进步和个人发展的基石，教育承载着培养人才、传承文化、推动创新等多重使命。通过深入研究和应用教育学，我们能够更好地挖掘教育的社会功能，为社会公平和长期稳定发展贡献力量。

教育在人才培养方面发挥着至关重要的作用。通过系统的课程设置和教育方法，教育能够培养出具备专业技能和综合素质的人才。这些人才不仅在各自的领域取得了卓越成就，更为社会的各个领域注入了新的活力和动力。在教育的过程中，学生们不仅能够学到知识，更能够形成正确的价值观、人生观和世界观，从而为社会做出更大的贡献。

教育在文化传承方面发挥着不可替代的作用。通过教育，我们能够将优秀的传统文化、历史知识和价值观念传递给下一代。这种传承不仅有助于维护社会的稳定和发展，更能够激发人们的文化自信心和归属感。同时，教育还能够推动文化的创新和发展，为社会的进步提供源源不断的动力。

教育在推动社会公平方面也具有重要作用。在现代社会中，教育资源的分配不均、教育机会的不公平等问题依然存在。然而，通过优化教育资源配置、改革教育体制、加强教育监管等措施，我们可以努力消除教育中的不公平现象，为每个人提供平等的教育机会。这种平等的教育机会不仅有助于个人发展，更能够推动社会的公平和进步。

教育在推动社会长期稳定发展方面也发挥着关键作用。教育不仅能够提高国民素质、促进经济发展，更能够培养公民的社会责任感和公共意识。通过教育的引导和熏陶，人们能够形成积极向上的社会风气和道德风尚，为社会的和谐稳定提供有力保障。

教育作为社会进步和个人发展的基石，具有无可替代的作用。通过深入研究和应用教育学，我们能够更好地挖掘教育的社会功能，为社会公平和长期稳定发展贡献力量。在未来的发展中，我们应该继续加强教育的投入和改革，不断提高教育质量和水平，为社会的繁荣和发展注入新的活力和动力。

第三节　教育实践对教育学理论的反馈和修正

一、验证理论

在教育学的广阔领域中，理论与实践的关系紧密而不可分割。理论，作为对教育实践的理解和解释，往往需要在实践的土壤中扎根生长，才能展现出其强大的生命力。教育实践，作为教育学理论实证的基石，为理论提供了宝贵的实证基础。

（一）教育实践为理论提供了实证的场所

教育实践为教育理论提供了实证的土壤，让理论得以在其中生根发芽。教育学家们通过深入研究和不断的实践探索，提出了众多富有创新性的教育理论和模型。这些理论和模型如同种子一般，只有在实践的土壤中才能生根发芽，才能展现其生命力和价值。

教育实践是检验教育理论的试金石。理论是指导实践的灯塔，而实践则是验证理论正确与否的唯一途径。教育学家们通过设计实验、观察、分析和总结，将理论与实践相结合，从而验证理论的有效性和可行性。在这个过程中，教育实践不仅为理论提供了实证的场所，还能够帮助教育者们深入理解理论的内涵和外延，掌握理论的应用技巧和方法，更好地指导教育实践。此外，教育实践还能够推动教育理论的不断发展和创新。实践中的问题和困惑是理论发展的原动力。教育实践中的问题多种多样，既有教育者自身的困惑和疑虑，也有学生们在学习中出现的难题和障碍。这些问题和困惑为教育理论的创新提供了广阔的空间和无限的可能性。教育学家们可以通过对实践问题的深入研究和探讨，提出更加符合实际、更加有效的教育理论和模型，为教育实践提供更加科学、更加系统的指导。

教育实践在教育理论的发展中扮演着至关重要的角色。它不仅为教育理论提供了实证的场所，还推动了教育理论的不断发展和创新。教育实践是教育理论的根基和源泉，只有深入实践、不断探索，才能推动教育理论的不断进步和发展。

（二）教育实践的结果为理论的有效性提供了直接的证据

在教育领域中，理论的有效性至关重要，因为它为教育工作者提供了行动的指南和方向。而教育实践作为理论应用的舞台，不仅检验了理论的可靠性，也为理论的改进和发展提供了丰富的土壤。

教育实践的结果为理论的有效性提供了直接的证据。当教育工作者们依据理论的指导进行教学时，他们会密切观察并记录学生的反应和成果。这些实践结果，就像一面镜子，能够清晰地反映出理论的优点和不足。例如，如果某个教育理论强调学生的主动性，那么在教育实践中，教育工作者会设计相应的教学活动，鼓励学生积极参与和互动。通过观察学生的参与度和学习效果，教育工作者可以直观地看到理论在实践中的应用效果如何。教育实践还为理论的有效性提供了丰富的反馈机制。在教育实践中，教育工作者会遇到各种问题和挑战，这些问题和挑战往往与理论的应用密切相关。通过分析和解决这些问题，教育工作者可以不断完善和优化理论，使其更加贴近实际教育环境，更好地满足学生的需求。

教育实践为理论的有效性提供了直接的证据和丰富的反馈机制。通过教育实践，教育工作者可以直观地看到理论的应用效果如何，发现问题并寻求解决方案，从而不断完善和优化理论。这种理论与实践相结合的方式，有助于推动教育领域的持续发展和进步。

（三）教育实践有助于确认或质疑理论的适用性

教育实践作为理论验证与发展的重要环节，在教育领域占据着举足轻重的地位。通过将理论知识付诸实践，教育者不仅能够加深对教育理论的理解，还能够通过实际操作的反馈来不断完善和优化教育理念。教育实践如同一面镜子，映照出理论的优点和不足，为教育理论的修正和完善提供了宝贵的参考。

在教育实践中，理论往往会遭遇到各种预料之外的情况和挑战。这些挑战可能来自学生个体差异、教育资源分配不均、教育环境变迁等多个方面。面对这些挑战，教育者需要灵活运用理论知识，结合实际情况作出相应的调整。这种调整过程不仅考验着教育者的智慧和应变能力，同时也促进了理论的不断发展和完善。

当理论在实践中遇到困难时，我们不应该盲目地否定理论的价值。相反，我们应该深入分析困难产生的原因，从中发现理论的不足之处。通过对理论的反思和修正，我们可以使其更加贴近实际，更具指导意义。这种修正和完善的过程是教育实践的重要组成部分，也是教育理论不断进步的关键环节。当理论在实践中展现出强大的生命力时，我们应该给予充分的肯定和赞赏。这意味着理论具有较高的适用性和指导意义，能够在实际操作中发挥积极作用。这种肯定不仅能够增强教育者的信心，还能够为理论的进一步推广和应用奠定坚实的基础。

教育实践对于确认或质疑理论的适用性具有不可替代的作用。通过实践中的挑战和反馈，我们可以不断修正和完善理论，使其更加贴近实际，更具指导意义。同时，实践中的成功案例也能够为理论的进一步推广和应用提供有力的支持。因此，我们应该高度重视教育实践在教育领域的作用，充分发挥其在理论验证与发展中的重要作用。

教育实践在教育学理论的验证过程中发挥着至关重要的作用，它不仅是理论实证的场所，也是理论有效性的直接证据，更是确认或质疑理论适用性的试金石。因此，我们应该高度重视教育实践在教育学理论验证中的作用，通过不断的实践和创新，推动教育学理论的不断发展和完善。

二、发现新问题

教育实践者，作为教育领域的实践者，他们每天都在与各种问题和挑战打交道。这些问题和挑战，或许正是当前教育理论所未能充分解释和应对的。这些新问题，不仅为教育实践者带来了困扰，同时也为教育理论的发展提供了新的方向和动力。

教育实践中的问题具有多样性和复杂性，在日常工作中，教育实践者可能会遇到诸如教学方法不当、学生参与度低、教育资源配置不均等问题。这些问题可能源于教育环境、学生个体差异、教育政策等多个方面。由于这些问题的多样性和复杂性，它们往往超出了现有理论的解释范围，需要研究者进一步深入探索。这些新问题为教育理论的发展提供了新的方向，面对实践中的问题，研究者可以从实际出发，通过对这些问题的深入研究和分析，发现教育现象的本质和规律。这种从实践中提炼出来的理论，不仅具有更强的针对性和实用性，还能为教育理论的丰富和发展提供新的思路。此外，新问题的出现也促使研究者不断反思和修正现有的教育理论。在解决问题的过程中，研究者可能会发现现有理论的不足和缺陷，从而推动理论的修正和完善。这种反思和修正的过程，不仅有助于提升教育理论的解释力和指导力，还能为教育实践者提供更加科学、有效的指导。

教育实践中的新问题不仅是教育实践者面临的挑战，也是推动教育理论发展的催化剂。面对这些问题，我们应该保持开放的心态，勇于探索和创新，不断推动教育理论的发展和实践的进步。只有这样，我们才能更好地应对教育领域的各种挑战和问题，为培养更多优秀的人才贡献力量。

三、修正和完善理论

在教育研究领域，理论与实践之间存在着密切的相互作用。理论为实践提供了指导和框架，而实践则通过反馈机制为理论的修正和完善提供了宝贵的依据。这种反馈循环不仅有助于提升教育实践的质量，更能推动教育理论的不断发展与进步。

在深入探究教育实践的过程中，反馈机制扮演着一个不可或缺的角色。它不仅是连接理论与实践的桥梁，更是推动教育理论不断发展和完善的重要动力。通过反馈，研究者能够敏锐地捕捉到理论中的不足和缺陷，进而为理论的修正和完善提供宝贵的参考。教育实践中的反馈机制具有显著的特点。首先，它强调理论与实践的紧密结合。理论往往来源于对实践的抽象和总结，而实践则是检验真理的唯一标准。在教育实践中，理论往往会遇到各种预料之外的挑战和问题，这些问题可能源于学生的个体差异、教育环境的多样性，或是教育资源的限制等。当理论无法有效应对这些挑战时，就会产生反馈信号，提示研究者重新审视和评估理论的适用性和有效性。其次，教育实践中的反馈机制具有动态性和互动性。教育实践是一个不断发展和变化的过程，它要求理论能够不断地适应和应对新的挑战和问题。反馈机制使得研究者能够及时捕捉到教育实践中的变化，进而对理论适时进行调整和完善。这种动态性和互动性使得教育理论得以在实践中不断发展和成长。此外，教育实践中的反馈机制还具有多样性和丰富性。教育实践涉及多个领域和层面，包括教学方法、课程设计、学生评估等。每个领域和层面都可能产生不同的反馈信号，这些信号为研究者提供了丰富的信息和视角。通过深入分析和综合这些反馈信号，研究者能够更全面地了解教育实践的实际情况，进而为理论的修正和完善提供更为全面和深入的参考。教育实践中的反馈机制对于推动教育理论的发展和完善具有重要意义，它不仅能够帮助研究者发现理论中的不足和缺陷，还能为理论的修正和完善提供宝贵的参考。同时，通过反馈机制，教育实践也能不断地适应和应对新的挑战和问题，实现自我发展和完善。因此，我们应该充分重视教育实践中的反馈机制，加强理论与实践的互动和融合，推动教育事业的不断发展和进步。

实践是检验真理的唯一标准，而反馈则是连接理论与实践的桥梁。通过接收并分析实践中的反馈，研究者能够深入反思并改进其理论，使之更加符合实际的教育环境，从而增强理论的实用性和指导意义。具体而言，反馈机制对于理论的修正和完善体现在以下几个方面。首先，当理论遭遇实践中的挑战或矛盾时，研究者会开始质疑原有的基本概念、原则或方法是否存在问题。这种质疑是推动理论发展的动力，它鼓励研究者对既有理论进行重新审视，发现其中的不足，进而提出改进方案。其次，反馈机制能够促进理论框架的重新构建。在实践中，研究者可能会发现原有理论框架无法完全解释某些现象或问题，这时就需要对框架进行调整或重构。通过重新构建理论框架，研究者能够更全面地理解教育现象，提出更具解释力的理论。此外，反馈机制还能够推动研究方法的优化。在实践中，研究者可能会发现原有的研究方法存在局限性或不适用的情况。为了获得更准确、更全面的数据，研究者需要不断尝试新的研究方法，并对其进行优化。这种优化不仅有助于提高研究的科学性和可靠性，还能够推动理论的发展和完善。反馈机制还有助于重新界定理论的应用范围。在实践中，研究者可能会发现原有理论在某些特定领域或情境下并不适用。这时就需要对理论的应用范围进行重新界定，明确其适用条件和限制。通过重新界定应用范围，理论能够更好地指导实践，发挥其应有的价值。

教育实践中的反馈机制在修正和完善理论中发挥着至关重要的作用。它不仅能够帮助研究者发现理论中的不足和缺陷，还能推动理论的修正、完善和创新。因此，我们应该充分重视教育实践中的反馈机制，将其作为推动教育理论发展的重要手段之一。同时，我们也应该鼓励教育者积极参与教育实践，通过不断的尝试和探索，为教育理论的修正和完善贡献自己的力量。

为了更好地利用教育实践中的反馈机制，我们可以采取以下措施：

首先，建立有效的沟通渠道。教育者与实践者之间应该保持密切的联系和沟通，确保双方能够及时分享实践中的经验和问题。通过定期召开研讨会、座谈会等形式，让理论研究者了解实践中的实际需求和挑战，从而为理论的修正和完善提供有针对性的建议。

其次，加强对实践者的培训和指导。理论研究者应该为实践者提供必要的培训和支持，帮助他们更好地理解和应用教育理论。通过培训和实践指导，实践者可以更加准确地把握理论的核心观点和应用方法，减少在实践中出现误解或误用的情况。

最后，鼓励实践者进行反思和总结。实践者在教育实践中应该时刻保持反思和总结的习惯，对实践中的成功经验和失败教训进行深入的分析和总结。通过反思和总结，实践者可以更加清晰地认识到教育理论在实际应用中的优缺点，为理论的修正和完善提供宝贵的实践依据。

教育实践中的反馈机制对于修正和完善教育理论具有重要意义。我们应该充分利用这一机制，加强理论与实践之间的联系和互动，推动教育理论的不断发展和进步。同时，我们也应该关注实践者的需求和挑战，为他们提供必要的支持和帮助，共同推动教育事业的繁荣和发展。

四、推动理论创新

在教育领域中，理论创新是推动教育实践发展的重要动力。随着社会的不断进步和教育改革的持续深入，新的教育经验和实践不断涌现，为理论创新提供了源源不断的灵感和动力。

教育实践中的新经验和新发现往往源于教育一线的实践者，这些实践者通过长期的实践探索，积累了丰富的教育经验，发现了许多新的教育现象和问题。当现有的理论无法充分解释这些新的教育实践时，实践者就会面临理论上的困惑和挑战。为了解决这些问题，他们需要不断学习和探索，提出新的理论或模型来适应这些变化。

教育实践中的新经验和新发现也为理论创新提供了实证支持，理论创新不是凭空产生的，它需要基于大量的实证研究和实践经验的支持。教育实践中的新经验和新发现为理论创新提供了丰富的实证材料，使得新的理论或模型更加具有说服力和可信度。这些实证支持不仅有助于验证新理论的正确性，还可以为新理论的推广和应用提供有力的支撑。

教育实践中的新经验和新发现还可以促进理论之间的对话和融合，在教育领域中，不同的理论流派和观点之间存在一定的差异和分歧。然而，随着教育实践的不断发展，新的经验和发现不断涌现，为不同理论之间的对话和融合提供了可能。实践者可以通过对比和分析不同的教育实践，发现不同理论之间的共性和差异，进而促进理论之间的交流和融合，形成更加全面和深入的理论体系。

教育实践中的新经验和新发现还可以激发研究者的创新思维和想象力，教育实践是一个充满变化和不确定性的领域，新的经验和发现往往超出人们的预期和想象。这些新的经验和发现为研究者提供了广阔的创新空间和无限的可能性，激发了他们的创新思维和想象力。研究者可以通过对这些新的经验和发现进行深入的研究和分析，提出更加具有创新性和前瞻性的理论或模型，为教育实践的发展提供新的思路和方向。

教育实践中的新经验和新发现对理论创新具有重要的推动作用，它们不仅为理论创新提供了源源不断的灵感和动力，还为理论创新提供了实证支持和促进不同理论之间的对话和融合。同时，这些新的经验和发现还可以激发研究者的创新思维和想象力，推动教育理论的不断发展和完善。因此，我们应该重视教育实践中的新经验和新发现，加强理论与实践的结合，不断推动教育领域的理论创新和实践发展。

第八章

评价维度：教育学理论的评价与反思

第一节 教育学理论评价的标准和方法

一、评价标准

（一）理论的逻辑性

教育学理论作为研究教育现象、揭示教育规律的学科体系，其内在的逻辑性是其科学性和有效性的重要体现。一个具有内在逻辑一致性的教育学理论，不仅能够提供清晰、连贯的概念和命题，还能够形成完整的理论体系，为教育实践提供有力的指导。

1. 教育学理论的逻辑性体现在其概念和命题的清晰性上

概念是理论的基础，是构成理论体系的基本元素。在教育学中，诸如"教育""学习""教师""学生"等核心概念，必须被准确定义，避免歧义和模糊。同时，这些概念之间的关系也需要被明确阐述，形成一个相互关联、相互支撑的概念网络。命题则是理论的具体表述，是对教育现象和教育规律的概括和总结。一个具有逻辑性的教育学理论，其命题必须清晰明确，能够准确反映教育现象的本质和规律。

2. 教育学理论的逻辑性体现在其概念和命题的连贯性上

在教育学理论中，各个概念和命题之间需要保持逻辑上的连贯性和一致性，避免出现矛盾或冲突。这要求理论在构建过程中，要对各个概念和命题进行严密的逻辑推理和论证，确保它们之间的逻辑关系紧密、合理。

只有这样，才能形成一个内在逻辑一致的教育学理论体系。

3. 教育学理论的逻辑性还体现在其能否形成完整的理论体系上

一个完整的教育学理论体系应该包括教育目标、教育内容、教育方法、教育评价等多个方面，形成一个全面、系统的教育理论体系。在这个体系中，各个部分之间相互关联、相互支撑，共同构成一个有机的整体。这样的理论体系不仅能够为人们提供全面、深入的教育认识和理解，还能够为教育实践提供有效的指导和支持。

教育学理论的逻辑性是其科学性和有效性的重要体现。一个具有内在逻辑一致性的教育学理论，应该具备清晰、连贯的概念和命题，形成完整的理论体系。只有这样，才能够为人们提供准确、全面的教育认识和理解，为教育实践提供有力的指导和支持。因此，在构建和发展教育学理论的过程中，我们应该注重其逻辑性的构建和完善，不断提高其科学性和有效性。

为了进一步增强教育学理论的逻辑性，我们可以采取以下措施：

首先，加强对教育学基本概念和命题的研究和探讨。只有深入理解这些概念和命题的内涵和外延，才能够为理论构建提供坚实的基础。同时，我们还需要关注这些概念和命题之间的逻辑关系，确保它们在理论体系中的连贯性和一致性。

其次，运用科学的研究方法和技术手段来构建和发展教育学理论。这包括实证研究、案例分析、历史研究等多种方法。通过这些方法的应用，我们可以更加深入地了解教育现象和教育规律，为理论构建提供有力的支撑。

最后，加强教育学理论与其他学科的交叉融合。教育学作为一门综合性学科，与其他学科如心理学、社会学、哲学等有着密切的联系。通过与其他学科的交叉融合，我们可以借鉴其他学科的研究成果和方法，为教育学理论的构建和发展提供新的思路和方法。

教育学理论的逻辑性是其科学性和有效性的重要体现。我们应该注重其逻辑性的构建和完善，通过深入研究、科学方法和交叉融合等手段，不断提高教育学理论的逻辑性和科学性，为教育实践提供有力的指导和支持。

(二) 实证支持

随着科技的飞速发展和社会变革的不断推进，教育领域的理论和实践也在不断发展和进步。在这个进程中，教育学理论是否得到了实证研究的支持成为教育研究和实践中一个重要的议题。本书将从实验、观察、调查等方法的验证角度出发，探讨教育学理论背后的实证研究支持情况。

1. 实验验证

实验验证是实证研究的重要手段之一。在教育领域，实验验证通常涉及对教学方法、教材、教育技术等方面的研究。例如，一项针对某种教学方法的实验研究可能会随机选择两组学生，一组采用该方法进行教学，另一组则采用传统教学方法。经过一定周期的教学后，通过对比两组学生的学习成绩、学习态度等指标，来评估该教学方法的有效性。

然而，需要注意的是，教育领域的实验研究往往面临着诸多挑战。比如，教育环境的复杂性使得实验结果容易受到各种因素的干扰；同时，教育对象的特殊性也使得实验设计和实施变得困难。因此，实验验证在教育学领域的应用受到了一定的限制。

2. 观察验证

观察验证是另一种常见的实证研究方法。在教育领域，观察验证通常涉及对教学过程、学生行为、师生互动等方面的观察。例如，研究者可以通过观察课堂教学过程，记录教师的教学行为、学生的反应以及课堂氛围等信息，以此来分析教学方法的有效性以及学生学习状态的变化。

观察验证在教育领域具有广泛的应用。通过观察，研究者可以获取丰富的第一手资料，从而对教育现象进行深入的分析和研究。然而，观察验证也存在着一定的局限性。观察者的主观性、观察样本的代表性以及观察环境的干扰等因素都可能影响观察结果的客观性和准确性。

3. 调查验证

调查验证是实证研究中的另一种重要方法。在教育领域，调查验证通常涉及对教育者、学生、家长等群体的问卷调查、访谈等形式的调查。通过收集大量的调查数据，研究者可以对教育现象进行量化分析，从而得出更为客观和准确的结论。

调查验证在教育研究中具有广泛的应用价值。例如，通过对学生和家长进行问卷调查，研究者可以了解学生的学习状况、家庭背景、教育需求等信息，从而为教育政策的制定和改革提供有力支持。此外，通过访谈教育者，研究者可以了解他们的教学理念、教学方法以及教育实践中遇到的问题和困难，从而为教育研究和实践提供有益的参考。然而，调查验证也存在一定的挑战和限制。首先，调查样本的代表性是一个关键问题。如果样本不具备代表性，那么研究结论的普适性和可信度就会受到影响。其次，问卷设计和调查过程的规范性也对研究结果产生影响。如果问卷设计不合理或者调查过程不规范，那么收集到的数据就可能存在偏差或失真，从而影响研究结论的准确性。

实证支持在教育学理论中具有重要的地位和作用。通过实验、观察、调查等方法的验证，我们可以对教育学理论进行更为深入和全面的研究，从而为教育实践和政策制定提供有力的支持。然而，实证研究的过程中也存在着诸多挑战和限制，需要我们不断探索和创新，以提高研究的质量和水平。

(三) 实用性

教育学理论作为指导教育实践的重要基础，其实际应用价值不言而喻。下面将探讨教育学理论是否具有实际应用价值，以及它能否解决教育实践中的问题，进而提高教育质量。

1. 教育学理论的实际应用价值

我们要明确教育学理论的实际应用价值，教育学理论不仅仅是空洞的概念和抽象的原理，而是为教育实践提供有力的指导。在教育实践中，教师们经常遇到各种问题，如如何激发学生的学习兴趣、如何提高学生的学习效果等。这时，教育学理论就能为教师提供解决问题的思路和方法。教育学理论还能帮助教育者更好地理解和应对教育现象，教育现象是复杂多变的，只有掌握了相关的教育学理论，教育者才能从更深层次上理解教育现象的本质和规律，从而更好地应对各种教育问题。

2. 教育学理论在教育实践中的应用

教育学理论在教育实践中的应用是广泛的。以教育心理学为例，它通过研究学生的心理活动过程和规律，为教师提供了针对不同学生的教学策略。比如，根据学生的认知特点和学习风格，教师可以采用不同的教学方法和手段，从而更好地满足学生的学习需求。此外，教育学理论还可以帮助教育者制定科学的教育政策。教育政策是指导教育实践的重要方向，只有基于科学的教育学理论，才能制定出符合教育规律和实际情况的教育政策，从而推动教育事业的健康发展。

3. 教育学理论在提高教育质量中的作用

教育学理论在提高教育质量中发挥着重要作用。首先，通过应用教育学理论，教育者可以更加科学地进行教学设计，使教学活动更加符合学生的学习需求和认知规律，从而提高教学效果。其次，教育学理论还可以帮助教育者更好地评价教育质量。通过对学生的学习成果进行科学评估，教育者可以了解教学效果的优劣，进而调整教学策略，提高教育质量。

教育学理论具有重要的实际应用价值。它不仅能为教育实践提供指导，帮助教育者更好地理解和应对教育现象，还能在教育政策制定和提高教育质量方面发挥重要作用。因此，我们应该重视教育学理论的学习和应用，不断提高教育者的理论素养和实践能力，以推动教育事业的持续发展。在未来的教育实践中，我们期待看到更多教育学理论的应用和创新。通过不断探索和实践，我们将不断提高教育质量，培养出更多优秀人才，为社会的发展和进步贡献力量。

（四）适用性

教育学理论作为指导教育实践的重要工具，其普遍性与特殊性一直是备受关注的话题。本书旨在探讨教育学理论在不同文化、地域和教育背景下的适用性，分析其普遍性和特殊性，以期对教育实践提供有益的启示。

我们需要明确教育学理论的普遍性，普遍性指的是教育学理论中所包含的基本原理、原则和规律，在不同文化、地域和教育背景下都具有一定的适用性。例如，教育心理学中的认知发展理论、行为主义学习理论等，这些理论所揭示的学习机制、认知过程等，在不同文化、地域和教育背景下都具有普遍性。这些理论为我们提供了普遍适用的教育理念和方法，为教育实践提供了有益的指导。然而，我们也要认识到教育学理论的特殊性。特殊性指的是教育学理论在具体实践中的应用会受到文化、地域和教育背景等多种因素的影响，从而表现出不同的特点。例如，在一些发展中国家和地区，由于教育资源相对匮乏，教师往往采用讲授式的教学方法，而在一些发达国家和地区，则更加注重学生的自主学习和创新能力培养。这种差异反映了不同文化、地域和教育背景下教育学理论的特殊性。

为了更好地理解教育学理论的普遍性与特殊性，我们可以从以下几个方面进行深入探讨：

1. 文化背景的影响

不同文化背景下，人们对教育的理解和期望存在差异。例如，在一些传统文化中，教育被视为传承文化、培养品德的重要途径，而在一些现代文化中，则更加注重培养学生的创新能力和综合素质。这种文化差异会对教育学理论的适用性产生影响，需要我们在具体实践中进行灵活调整。

2. 地域因素的影响

不同地域的教育环境、教育资源和教育需求等存在差异，这也会对教育学理论的适用性产生影响。例如，在一些农村地区，由于教育资源相对匮乏，教师需要更加注重学生的基础知识和技能培养；而在一些城市地区，则更加注重学生的综合素质和创新能力培养。因此，我们需要根据不同地域的特点，选择适合的教育学理论和方法。

3. 教育背景的差异

教育背景包括教育制度、教育政策、教育传统等多个方面。不同教育背景下，教育学理论的应用也会有所不同。例如，在一些国家和地区，教育政策强调公平和普及，而在一些国家和地区则更加注重教育的质量和效益。这种教育背景的差异会对教育学理论的适用性产生影响，需要我们在具体实践中进行适当调整。

教育学理论在不同文化、地域和教育背景下具有普遍性和特殊性。为了更好地发挥教育学理论的作用，我们需要在实践中根据不同文化、地域和教育背景的特点，选择适合的教育学理论和方法，并进行灵活调整。同时，我们也需要不断深入研究教育学理论的普遍性与特殊性，为教育实践提供更加科学、有效的指导。

二、评价方法

（一）文献分析法

在众多的科学研究方法中，文献分析法占据着重要的地位。特别是在教育学领域，通过对相关文献的梳理和评价，我们能够了解教育学理论的发展历程、主要观点和研究现状，从而评估理论的质量和影响力。这种方法不仅有助于我们理解过去，更能为我们提供指导，推动未来的研究与实践。

1. 文献分析法可以帮助我们追溯教育学理论的发展历程

通过对历史文献的梳理，我们可以清晰地看到教育学理论是如何从萌芽状态逐步发展壮大的。例如，从古希腊时期的苏格拉底、柏拉图和亚里士多德的教育思想，到现代教育学派的多元发展，文献分析法使我们能够深入了解这些理论产生的历史背景、演变过程及其内在逻辑。

2. 文献分析法有助于我们掌握教育学领域的主要观点

通过对相关文献的深入阅读和分析，我们可以了解到不同学者对于教育问题的独特见解和主张。这些观点既有共性，也有差异，它们相互碰撞、交融，共同构成了教育学理论的丰富多彩。例如，杜威的实用主义教育理论强调教育的实践性，而皮亚杰的认知发展理论则注重儿童认知结构的构建。通过对这些观点的比较分析，我们能够更加深入地理解教育学的核心概念和理论框架。

3. 文献分析法还能帮助我们了解教育学研究的现状

通过对最新研究成果的梳理和评价，我们可以把握当前教育学领域的研究热点、难点和趋势。这有助于我们站在前人的基础上，继续深化和拓展研究，推动教育学的发展。例如，近年来，随着信息技术和大数据的飞速发展，教育技术、在线教育等成为教育学研究的热点领域。通过对相关文献的分析，我们可以了解这些领域的最新研究成果、研究方法和研究趋势，从而为我们的研究提供有益的参考和启示。

4. 文献分析法还能帮助我们评估教育学理论的质量和影响力

通过对文献的质量评价，我们可以筛选出具有较高学术价值和实践指导意义的理论成果。这些理论不仅具有较高的学术水平，而且在实践应用中产生了广泛的影响。例如，布鲁姆的教育目标分类理论在教育评价、课程设计等领域产生了深远的影响，为教育实践提供了有力的理论支持。

通过对相关文献的梳理和评价，我们能够深入了解教育学理论的发展历程、主要观点和研究现状，从而评估理论的质量和影响力。这不仅有助于我们更好地理解过去，更能为我们提供指导，推动未来的研究与实践。在未来的教育学研究中，我们应该充分重视和运用文献分析法，不断拓展研究的深度和广度，为教育学的发展做出更大的贡献。

（二）实证分析法

实证分析法是一种重要的研究方法，它通过收集和分析实证数据来验证理论的正确性和有效性。这种方法广泛应用于社会科学、自然科学、医学等领域，成为科学研究不可或缺的一部分。实证分析法的主要特点在于其基于实际数据的客观性和可靠性。与纯粹的理论推导不同，实证分析法注重从实践中寻找证据，通过数据分析和统计检验来验证理论的有效性和适用性。这种方法的优点在于可以更加深入地了解实际情况，揭示事物本质和规律，为决策提供科学依据。在实证分析法中，实验研究、调查研究和案例分析是常用的方法。实验研究是通过控制变量、操作自变量和观察因变量的变化来验证理论。调查研究则是通过问卷调查、访谈等方式收集数据，对样本进行统计分析，从而推断总体情况。案例分析则是对个别案例进行深入剖析，从中提取规律和启示。

实证分析法在各个领域都有广泛的应用。例如，在经济学中，实证分析法被用来研究经济增长、市场结构、消费者行为等问题。在医学领域，实证分析法则用于评估药物疗效、诊断方法的准确性和治疗效果等方面。此外，在社会学、政治学、心理学等领域，实证分析法也发挥着重要作用。当然，实证分析法也存在一些局限性。首先，数据的收集和分析可能受到各种因素的影响，如样本偏差、数据失真等。其次，实证分析法的结果可能受到研究者主观因素的影响，如研究设计、变量选择等。因此，在使用实证分析法时，需要充分考虑其局限性，并结合其他研究方法进行综合分析。

实证分析法是一种基于实际数据的客观、可靠的研究方法，通过收集和分析实证数据，我们可以更加深入地了解实际情况，验证理论的正确性和有效性，为决策提供科学依据。在实际应用中，我们需要充分发挥实证分析法的优势，同时注意其局限性，综合运用各种研究方法，以得出更加全面、准确的结论。为了更好地理解实证分析法，我们可以举一个具体的例子。假设我们要研究一种新的教学方法是否能够有效提高学生的学习成绩。在这种情况下，我们可以采用实证分析法来进行研究。首先，我们可以设计一项实验研究，随机选取一定数量的学生作为实验组和对照组，对实验组实施新的教学方法，而对对照组则采用传统的教学方法。然后，在经过一段时间的教学后，我们可以通过考试或其他方式来评估学生的学习成绩，并对实验组和对照组的成绩进行比较分析。如果实验组的成绩显著高于对照组，那么我们就可以初步认为新的教学方法是有效的。当然，这只是一个简单的例子，实际的研究过程可能更加复杂和繁琐。实证分析法是一种非常重要的研究方法，它可以帮助我们更加深入地了解实际情况，验证理论的正确性和有效性。在未来的科学研究中，我们应该更加重视实证分析法的应用和发展，不断提高其研究水平和质量，为人类的进步和发展做出更大的贡献。

（三）批判性分析法

批判性分析法是一种深入的理论研究方法，它旨在挖掘理论中存在的问题和不足，并提出改进和发展的建议。这种方法在学术研究、政策制定、商业分析等领域中都有广泛应用，可以帮助我们更好地理解世界、优化决策和提高效率。

在批判性分析法中，研究人员首先会对所研究的理论进行详尽的了解和梳理。他们会深入探究该理论的核心观点、论证逻辑、适用范围以及可能的缺陷。这种过程需要对理论有深入的理解，同时也需要有一定的批判性思维能力和分析能力。

在了解了理论的基本情况后，研究人员会开始对其进行批判和分析。他们会从不同的角度和层面出发，对该理论进行审视和质疑。例如，他们可能会考虑该理论是否适用于所有情况，是否存在逻辑上的漏洞，是否忽略了某些重要的因素，是否受到了特定文化、历史背景的影响等。

通过这种方式，研究人员可以发现理论中存在的问题和不足。这些问题可能包括理论本身的缺陷、实证支持不足、应用范围有限等。在发现了这些问题后，研究人员会进一步探讨其可能的原因和影响，并提出相应的改进和发展的建议。这些建议可能包括修正理论的基本观点、完善论证逻辑、增加实证支持、拓展应用范围等。这些建议可以帮助我们更好地理解世界，优化决策和提高效率。同时，它们也可以为理论的发展和完善提供有益的参考和借鉴。

批判性分析法是一种重要的理论研究方法，它可以帮助我们更深入地了解理论，发现其存在的问题和不足，并提出改进和发展的建议。在未来的学术研究和实践中，我们应该更加注重批判性分析法的应用，以推动理论的不断发展和完善。

（四）比较分析法

在当今的学术和理论研究中，比较分析法已经成为一种重要的研究工具。它通过对不同理论进行比较和分析，揭示出它们之间的异同点，进而评估各自的优劣和适用范围。这种方法不仅有助于我们更全面地理解各个理论，还能为实际应用提供有力的指导。

比较分析法的核心在于对比。它要求研究者将两个或多个理论置于同一框架下，从多个维度进行细致的比较。这些维度包括但不限于理论的起源、发展历程、核心观点、应用场景、实践效果等。通过这种比较，我们能够清晰地看到各个理论之间的相似性和差异性，从而更深入地理解它们。

在比较分析法中，评估理论的优劣是一个重要的环节。这需要我们综合考虑各个理论的科学性、实用性、解释力等因素。例如，某个理论可能在理论上非常完善，但在实际应用中却难以操作；而另一个理论则可能在实际应用中取得了显著的效果，但在理论上存在某些缺陷。通过比较分析法，我们能够更全面地了解这些优缺点，从而在实际应用中作出更明智的选择。除了评估理论的优劣外，比较分析法还能帮助我们界定各个理论的适用范围。不同的理论往往适用于不同的情境和问题。通过比较分析，我们能够更清晰地看到各个理论的适用范围和局限性，从而在实际应用中更加准确地选择和应用理论。

为了更好地理解比较分析法，我们可以以一个具体的实例来进行说明。比如，在心理学领域，行为主义和人本主义是两种非常重要的理论。通过比较分析法，我们可以发现它们在核心观点、研究方法、治疗方法等方面都存在显著的差异。行为主义强调环境对行为的影响，主张通过改变环境来纠正不良行为；而人本主义则更注重个体的内在需求和情感体验，主张通过理解和支持个体来促进其自我实现。这些差异使得这两种理论在适用范围上也有所不同：行为主义更适用于解决一些外显的行为问题，而人本主义则更适用于处理一些深层的情感和心理问题。

比较分析法是一种非常有用的研究工具。它能够帮助我们更全面地理解各个理论之间的异同点、评估各自的优劣和适用范围。在未来的学术和理论研究中，我们应该更加重视和运用这种方法，以推动学术进步和实践发展。需要注意的是，在进行教育学理论评价时，应坚持客观、公正、全面的原则，避免主观臆断和片面评价。同时，应根据具体的评价对象和目的选择合适的评价标准和方法，确保评价结果的准确性和可靠性。

第二节　教育学理论的问题及建议

一、主要的问题

（一）理论与实践脱节

教育学是一门注重理论与实践并重的学科。在教育学的领域中，理论与实践的紧密结合一直是人们追求的目标。然而，现实中我们不难发现，部分教育学理论过于抽象和理论化，未能很好地与实践相结合，这种现象令人担忧。

一方面，部分教育学理论过于追求普遍性和抽象性，往往忽略了具体实践环境的多样性和复杂性。这些理论往往以高度概括和抽象的方式呈现，缺乏针对具体实践情境的指导性建议。导致这些理论在面对实际问题时显得力不从心，无法提供切实可行的解决方案。例如，在教育实践中，针对不同学生群体、不同教学环境和不同教学目标，需要采用不同的教学策略和方法。然而，一些教育学理论却过于强调某种普遍适用的教学模式，忽视了不同实践情境下的差异性和灵活性。

另一方面，实践者往往因为缺乏理论素养，难以将理论应用于实际情境。在实践中，许多教育工作者由于缺乏系统的理论学习和深入的理论思考，难以将理论与实践相结合。他们往往根据自己的经验和直觉进行教学和管理，缺乏科学的理论指导。这种缺乏理论素养的实践者往往难以应对复杂多变的教育环境，也无法有效地推动教育实践的创新发展。

此外，教育领域的快速变革也要求理论与实践能够快速融合。随着社会的快速发展和科技的进步，教育领域面临着前所未有的挑战和机遇。传统的教学模式和教学方法已经难以满足现代教育的需求，需要不断探索和创新。然而，现实中理论与实践之间的鸿沟却不断加深，二者之间的融合显得尤为紧迫和必要。只有加强理论与实践的结合，才能更好地应对教育领域的快速变革，推动教育实践的创新发展。

（二）忽视个体差异

在教育学领域，理论构建和实践应用一直是一个相辅相成的过程。然而，现有的教育学理论在追求普遍性和普适性的过程中，却常常忽视了个体差异和多样性，导致教育实践缺乏针对性和灵活性。这种倾向不仅限制了教育的发展，也影响了学生的学习效果和个性化发展。

当前的教育学理论，往往注重于从宏观层面对教育现象进行解释和指导。这些理论试图通过构建一般性的教育原则和方法，来指导教育实践。然而，这种普遍性的追求却在一定程度上忽视了教育的微观层面，即个体差异和多样性。个体差异和多样性是教育实践中不可忽视的重要因素。每个学生都是独一无二的个体，他们的兴趣、能力、背景等方面都存在着显著的差异。这种差异不仅影响着学生的学习方式和效果，也决定了他们在教育过程中的不同需求和挑战。忽视个体差异和多样性，会导致教育实践缺乏针对性和灵活性。一方面，教育者难以根据学生的具体需求进行个性化的教学安排，使得教育过程缺乏针对性和实效性。另一方面，这种忽视也限制了学生的个性化发展，使得他们难以在教育过程中充分发挥自己的潜力和特长。

（三）缺乏跨学科整合

在现代教育的繁荣背后，隐藏着一个重要的问题：缺乏跨学科的整合。在很多时候，我们的教育学理论被束缚在自己的领域里，缺乏与其他学科的深度交流和融合。这种现象不仅限制了教育学的视野，也阻碍了其理论深度的发展。

跨学科整合对于教育学的重要性不言而喻。教育本身就是一个综合性极强的领域，涉及心理学、社会学、人类学、哲学等多个学科的知识。然而，目前的教育学理论往往只关注自身的理论体系，忽视了与其他学科的交流和融合。这种孤立的状态使得教育学理论缺乏足够的深度和广度，难以应对日益复杂的教育现象。

跨学科整合的缺失对教育学理论的视野造成了明显的限制。教育学的目的是研究和指导教育实践，而教育实践又受到各种因素的影响，包括社会环境、文化背景、学生心理等。只有通过与其他学科的交叉融合，教育学才能更好地理解和应对这些复杂因素，从而拓展自己的视野。同时，缺乏跨学科整合也限制了教育学理论的深度。教育学理论需要不断地进行反思和修正，以适应教育实践的发展。而跨学科整合为这种反思和修正提供了可能。通过与其他学科的交流，教育学可以发现自身理论的不足，借鉴其他学科的研究方法和成果，从而丰富和发展自己的理论体系。

二、改进建议

（一）加强理论与实践的结合

随着社会的进步和教育改革的不断深入，理论与实践相结合的理念在教育领域越来越受到重视。教育学理论作为指导教育实践的重要基础，应当更加关注实践问题，通过实证研究、案例分析等方式，将理论与实践紧密结合，提高理论的实用性和可操作性，为教育实践提供有力支持。

理论是实践的总结和提炼，而实践则是理论的检验和应用。在教育领域，理论的发展离不开实践的滋养，而实践的创新也需要理论的引领和指导。只有将理论与实践相结合，才能实现教育教学的科学化、系统化和规范化，推动教育的不断进步和发展。然而，当前教育学理论在关注实践问题方面还存在一些不足。一些教育理论过于抽象、脱离实际，无法很好地指导教育实践。此外，教育学理论界对实践问题的关注不够全面和深入，缺乏对实践问题的深入研究和探讨。因此，加强理论与实践的结合显得尤为迫切。

为了加强理论与实践的结合，我们可以采取以下措施：

1. 加强实证研究

实证研究是连接理论与实践的桥梁。通过收集和分析大量的教育实践数据，我们可以发现教育现象背后的规律和问题，为理论的发展提供有力支持。同时，实证研究还可以检验理论的实用性和可操作性，为教育实践提供科学依据。

2. 开展案例分析

案例分析是一种有效的研究方法，可以帮助我们深入了解教育实践中的具体问题。通过对典型案例的分析和讨论，我们可以发现教育实践中的成功经验和不足之处，为理论的完善和实践的改进提供有益参考。

3. 促进学者与实践者的交流与合作

学者与实践者之间的交流和合作是加强理论与实践结合的重要途径。通过组织学术研讨会、实践基地建设等方式，可以促进学者与实践者之间的深入交流和合作，共同推动教育理论与实践的发展。

4. 完善评价体系

评价体系的完善是加强理论与实践结合的重要保障。我们需要建立科学、全面的评价体系，将理论与实践相结合的评价标准纳入其中，以评价推动理论与实践的结合。加强理论与实践的结合是教育学理论发展的重要方向，我们需要从多方面入手，通过实证研究、案例分析、学者与实践者的交流合作以及评价体系的完善等措施，推动理论与实践的紧密结合，为教育实践提供有力支持，推动教育的不断进步和发展。在这个过程中，我们需要不断探索、勇于创新，让理论与实践相互辉映，共同谱写教育事业的新篇章。

（二）关注个体差异

在当今社会，教育的核心目标不仅仅是传授知识，更重要的是培养具有独立思考能力和创新精神的人才。在这一过程中，关注个体差异、尊重多样性和提倡个性化教育显得尤为重要。教育理论和实践中，我们应深入理解和应用这些理念，以提高教育的针对性和灵活性。

1. 关注个体差异是教育公平和质量的体现

每个学生都是独一无二的个体，他们具有不同的兴趣、才能、学习方式和成长背景。因此，教育理论和实践应该充分考虑这些因素，为每个学生提供符合其特点和发展需求的教育资源和机会。例如，在课程设置上，我们可以引入更多选修课程，以满足学生多样化的兴趣需求；在教学方式上，我们可以采用个性化教学，根据学生的学习特点和进度进行有针对性的指导。

2. 尊重多样性有助于培养学生的综合素质

在一个多元化的社会里，学生需要学会与不同背景、不同观念的人相处和合作。教育应该鼓励学生尊重和欣赏多样性，培养他们的跨文化交流能力和全球视野。例如，学校可以组织各种文化交流活动，让学生有机会接触和了解不同文化背景下的知识和价值观，从而拓宽他们的视野和思维方式。

3. 提倡个性化教育是提高教育质量和效率的关键

传统的教育方式往往过于注重统一性和标准化，忽视了学生的个体差异和特长。个性化教育则强调根据学生的特点和发展需求进行有针对性的教育，使教育更加符合学生的实际情况。这不仅可以提高学生的学习兴趣和动力，还可以使教育更加高效和有针对性。例如，一些学校已经开始尝试采用"一对一"的教学模式，根据学生的学习进度和特点进行个性化指导，取得了显著的效果。

关注个体差异、尊重多样性和提倡个性化教育是当前教育理论和实践的重要方向。我们应该在教育中充分考虑这些因素，为每个学生提供符合其特点和发展需求的教育资源和机会，以培养出更多具有独立思考能力和创新精神的人才。同时，我们也需要不断探索和创新，不断完善教育理论和实践，以更好地满足社会的需求和学生的期望。只有这样，我们才能真正实现教育的公平、质量和效率，为社会的繁荣和发展做出更大的贡献。

（三）培养批判性思维

在当今信息爆炸的时代，我们面临着前所未有的知识挑战。为了应对这一挑战，教育学理论应当着重培养学生的批判性思维，使他们能够独立思考、分析问题、解决问题，而不仅仅是被动地接受知识。

批判性思维，作为一种理性的、独立的思考方式，正是我们在处理这些信息时的重要工具。它要求我们在接受信息时，不盲目相信，而是经过深入的思考和判断，形成自己的观点。这种思维方式不仅能够帮助我们更好地理解和掌握知识，还能够提升我们的创新能力和解决问题的能力。在信息泛滥的时代，我们很容易受到各种观点、舆论的影响，而失去自己的判断力。批判性思维要求我们在接受信息时，保持清醒的头脑，不被表面的现象所迷惑。我们需要对信息进行深入的分析，挖掘其背后的逻辑和事实，从而做出理性的判断。这种理性的思考方式有助于我们避免盲目跟风，减少被误导的可能性。在社交媒体高度发达的今天，我们很容易受到他人的观点、意见的影响，而失去自己的独立思考能力。批判性思维鼓励我们在接受信息时，保持独立的思考，不轻易被他人的观点所左右。我们需要对信息进行独立的判断，形成自己的观点和态度。这种独立思考的能力有助于我们形成独特的见解，增强个人的创造力。在面对复杂问题时，批判性思维能够帮助我们从不同的角度进行分析，寻找解决问题的新思路。它鼓励我们打破常规，挑战传统观念，从而发现新的解决方案。这种创新性的思考方式有助于我们在工作和生活中取得更好的成绩，实现个人的价值。批判性思维是一种非常重要的思考方式，它要求我们保持理性、独立和创新，帮助我们在处理信息时形成自己的观点和态度。通过批判性思维的锻炼和实践，我们可以提高自己的认知能力和解决问题的能力，更好地应对现代社会的挑战。因此，我们应该积极培养批判性思维，让它成为我们思考和决策的重要工具。

在教育学理论中，培养学生的批判性思维是一项至关重要的任务。然而，如何在实践中落实这一目标却是一项巨大的挑战。为此，我们需要对教学方式进行全面的反思与改进。教育者需要摒弃传统的教学观念，从单纯的知识灌输者转变为知识引导者。这意味着教育者不再仅仅是传授知识，而是引导学生主动探索、发现知识。在这一过程中，教育者应该鼓励学生勇于提问、敢于质疑，培养他们的好奇心和求知欲。例如，在课堂上，教育者可以设计一些开放性问题，让学生进行讨论和辩论，从而激发他们的思维火花。教育者需要设计具有启发性的教学活动，让学生在参与中培养批判性思维。这些活动可以包括案例分析、小组讨论、角色扮演等多种形式。通过这些活动，学生可以更加深入地了解问题的本质，学会从不同角度进行分析和思考。同时，这些活动也可以帮助学生锻炼沟通、协作和解决问题的能力，为未来的学习和生活做好准备。此外，教育者还可以利用现代信息技术手段，如在线学习平台、虚拟实验室等，为学生提供丰富的学习资源和实践机会。这些技术手段可以让学生随时随地进行学习，拓宽他们的知识视野。同时，虚拟实验室等实践平台也可以让学生在实际操作中体验知识的魅力，进一步激发他们的批判性思维。培养学生的批判性思维需要教育者从多个方面入手，包括转变教学观念、设计启发性教学活动和利用现代信息技术手段等。只有这样，我们才能真正培养出具有批判性思维能力的优秀人才，为社会的进步和发展作出贡献。

在实践中，批判性思维的培养是一项长期而艰巨的任务，它需要教育者的耐心引导和学生的积极参与。批判性思维不仅是一种能力，更是一种习惯，需要通过不断的实践和锻炼才能逐渐形成。在课堂教学中，教育者应该鼓励学生敢于质疑，勇于提出自己的观点和见解。传统的"填鸭式"教育往往使学生习惯于被动接受知识，缺乏主动思考和质疑的能力。因此，教育者应该采用启发式教学方法，通过提问、讨论等方式引导学生主动思考，激发他们的思维活力。同时，教育者还可以引入一些具有争议性的话题，让学生从不同角度进行分析和讨论，培养他们的辩证思维能力。除了课堂教学，课外活动也是培养学生批判性思维的重要途径。教育者可以组织学生进行社会调查、实地考察等活动，让他们在实践中发现问题、分析问题并解决问题。例如，针对一些社会问题，学生可以开展调研，收集数据并进行分析，从而提出自己的解决方案。这样的活动不仅可以让学生深入了解社会，还可以锻炼他们的批判性思维，提高他们解决问题的能力。此外，教育者还可以通过阅读、写作等方式培养学生的批判性思维。阅读可以帮助学生接触到更多的知识和观点，从而拓宽他们的视野。写作则可以让学生将自己的思考和见解表达出来，帮助他们更好地整理和组织思维。通过不断的阅读和写作训练，学生可以逐渐提高自己的批判性思维水平。

培养批判性思维是教育学理论的重要使命之一。通过转变教学观念、设计启发性教学活动以及利用现代信息技术手段等方式，我们可以有效地培养学生的批判性思维，使他们成为具有独立思考能力和创新精神的未来领导者。在这个过程中，教育者需要不断反思和调整教学策略，以适应不断变化的教育环境和学生需求。同时，我们也需要认识到，批判性思维的培养是一个长期的过程，需要教育者、学生和社会共同努力，才能取得良好的效果。因此，我们应该在教育学理论中进一步强化批判性思维的培养，为培养更多具有独立思考能力和创新精神的未来创造者奠定坚实的基础。在这个过程中，我们不仅要关注知识的传授，更要关注思维方式的塑造，让学生在掌握知识的同时，也具备独立思考和解决问题的能力，以应对未来社会的挑战。

（四）反思和更新理论

随着社会的快速发展和科技的日新月异，教育实践也在不断地变革和演进。在这个过程中，教育学理论作为指导教育实践的重要工具，必须时刻保持反思和更新的态度，以便及时修正和完善，从而更好地适应不断变化的教育实践和社会需求。

教育学理论的价值在于其能够为我们提供深入理解和分析教育现象的工具。然而，任何理论都是在特定的历史和社会背景下形成的，因此，随着时代的变迁，理论也需要不断地进行反思和更新。这既是对理论的尊重，也是对教育实践的负责。

在探讨教育学的未来发展时，我们必须首先审视现有的教育学理论是否仍然适应当前的教育实践。随着教育理念的不断演进，从传统的以教师为中心向以学生为中心的转变，再到教学方法的多样化，尤其是近年来在线教育的迅猛兴起，这些变革都在挑战着传统的教育理论体系。传统的教育学理论，虽然在一定程度上为我们提供了教育的指导和框架，但在面对新的教育实践时，却显得捉襟见肘。例如，以学生为中心的教育理念强调学生的主动性、参与性和创造性，而传统的教育学理论更多地关注教师的传授和学生的接受。在这种背景下，我们必须重新思考：现有的理论是否足够解释和指导这些新的教育实践。如果理论无法很好地适应实践，那么我们就需要对其进行修正和完善。此外，社会的需求变化也对教育学理论产生了深远的影响。随着社会的快速发展和科技的进步，人们对教育的期待也在不断变化。过去，教育的主要目标是传授知识，而现在，人们更加关注教育的全面性和个性化。例如，随着人工智能和大数据等技术的发展，人们越来越期待教育能够培养学生的创新能力和批判性思维，帮助他们更好地适应未来的社会和工作。

面对这些变化，我们的教育学理论需要紧跟时代的步伐，及时吸收新的研究成果和技术进步。这包括重新审视教育的目标、内容和方法，以及重新定义教师和学生的角色。只有这样，我们的教育学理论才能更好地指导教育实践，满足社会的需求。

然而，反思和更新教育学理论并非易事，而是要求我们站在更高的角度，以开放的心态和前瞻性的视野，来审视和推进教育学理论的发展。保持开放的心态是反思和更新教育学理论的基础，我们不能固守旧有的观念和理论，而应勇于接受新的挑战和观点。这意味着我们需要敢于质疑，敢于尝试，敢于创新。只有这样，我们才能在反思中发现问题，找到改进的方向，推动教育学理论不断向前发展。深厚的学术素养是反思和更新教育学理论的重要支撑，我们需要具备扎实的专业知识，熟悉教育学的发展历程和前沿动态，了解各种教育理论和教育实践的优缺点。只有这样，我们才能在反思中有所依据，有所借鉴，有所创新。敏锐的洞察力是反思和更新教育学理论的关键，我们需要敏锐地捕捉教育实践中的新变化、新问题，以及社会需求的新动向、新趋势。只有这样，我们才能及时调整和更新教育学理论，使其更好地服务于教育实践和社会需求。在反思和更新教育学理论的过程中，我们还需要注重理论与实践的结合。理论是指导实践的灯塔，实践是检验理论的试金石。我们需要通过实践来检验和完善理论，通过理论来指导和引领实践。只有这样，我们才能真正推动教育学理论的发展，使其更好地服务于教育实践和社会需求。反思和更新教育学理论是一项长期而艰巨的任务，我们需要保持开放的心态，具备深厚的学术素养和敏锐的洞察力，勇于接受新的挑战和观点，注重理论与实践的结合。只有这样，我们才能不断推动教育学理论的发展，为教育实践和社会需求提供更加有力的支持和指导。让我们共同努力，为教育学理论的反思与更新贡献自己的力量。教育学理论应不断反思和更新，及时修正和完善，以适应不断变化的教育实践和社会需求。这不仅是理论自身发展的需要，也是教育实践和社会发展的必然要求。只有不断地反思和更新，我们的教育学理论才能保持活力和生命力，才能为教育实践提供有力的指导，为社会的进步做出更大的贡献。

参考文献

［1］王道俊、郭文安主编：《教育学》，人民教育出版社 2016 年版。

［2］李伟：《教师教育学理论与知识体系研究》，中国国际广播出版社 2019 年版。

［3］项贤明主编：《教育学原理》，高等教育出版社 2019 年版。

［4］丛冰玉等主编：《教育学》，电子科技大学出版社 2020 年版。

［5］高欢梅主编：《新编教育学原理》，北京理工大学出版社 2021 年版。

［6］江峰：《教育学方法论探源》，福建教育出版社 2020 年版。

［7］冯建军主编、南京师范大学教育科学学院编写：《现代教育学基础》，南京师范大学出版社 2019 年版。

［8］毕海洋：《教育的本质》，中国纺织出版社有限责任公司 2022 年版。

［9］［美］霍华德·A. 奥兹门：《教育的哲学基础》，石中英、邓敏娜等译，上海教育出版社 2023 年版。

［10］孙翠松：《现代教育教学实践》，中国书籍出版社 2023 年版。

［11］常树林：《教育教学研究与实践》，中国海洋大学出版社 2020 年版。

［12］田方等编著：《教育教学管理》，天津科学技术出版社 2021 年版。

［13］黄仁刚：《新时代教育教学发展的理论与实践》，北方妇女儿童出版社 2022 年版。

［14］周非等主编：《教育教学管理与素质培养研究》，吉林人民出版社 2021 年版。

［15］郑家刚：《全球化视域下的教育教学管理》，吉林人民出版社 2021 年版。

［16］潘丽平等：《教育教学理论与现代教育技术》，吉林人民出版社 2021 年版。

［17］孙仁歌：《现代教育教学论》，安徽文艺出版社 2018 年版。

［18］郭晓雯：《高校教育教学管理创新发展研究》，北京工业大学出版 2019 年版。

［19］张成刚等：《现代教育教学探索与实践研究》，吉林人民出版社 2019 年版。

［20］贾素娟等：《学生教育与教学管理研究》，中国商务出版社 2019 年版。

［21］睢瑞丹：《教育学理论与教师团队建设研究》，吉林出版集团股份有限公司 2022 年版。

［22］毛乃佳、王等等编著：《教育学理论与实践》，兰州大学出版社 2006 年版。

［23］刁培萼、丁沅编著：《马克思主义教育哲学》，华东师范大学出版社 1987 年版。

［24］余立主编：《现代教育思想引论》，华东师范大学出版社 1986 年版。

［25］瞿葆奎编著：《教育学的探究》，人民教育出版社 2004 年版。